Willibald Leo

Die gesammte Literatur Walthers von der Vogelweide

Eine kritisch-vergleichende Studie zur Geschichte der Walther-Forschung

Willibald Leo

Die gesammte Literatur Walthers von der Vogelweide
Eine kritisch-vergleichende Studie zur Geschichte der Walther-Forschung

ISBN/EAN: 9783743600263

Hergestellt in Europa, USA, Kanada, Australien, Japan

Cover: Foto ©ninafisch / pixelio.de

Weitere Bücher finden Sie auf **www.hansebooks.com**

Die gesammte Literatur

Walther's von der Vo[gelweide]

Eine kritisch-vergleichende

zur

[...] der Walthe[r...]

...ndlung

...thschild.

Meinem theuren Vater

gewidmet.

Vorwort.

Unter allen mittelhochdeutschen Dichtern ist kaum noch Einer, dem die Gegenwart ein lebendigeres Interesse entgegenbrächte, als dem edlen Minnesänger Walther von der Vogelweide, eine Thatsache, die uns bei der Bedeutung dieses Dichters nur freuen kann. „Walther ist der vielseitigste, tiefste, männlichste lyrische Dichter Deutschlands, der mit vollstem Herzschlage für des Vaterlandes Grösse, wie für den Ring seines Mädchens zu fesseln weiss; im leichten Getändel und ernster Mahnung immer derselbe frische, ganze Mann; unter den zahlreichen begabten Dichtern seiner Zeit der reichste an Gedanken, der leichteste in der Form; von allen, die ihn nennen, gerühmt, bescheiden vor sich selbst; den Gewaltigen gegenüber unerschrocken, offen in ihrem Preise, voll Achtung vor sich selbst, — ein Held des Gesanges unter den Helden der Geschichte." — So urtheilt K. Goedeke über ihn, und wenn wir bei den andern bedeutenden Literaturhistorikern nachsehen, finden wir, dass auch diese unserm

Walther eine ähnliche Lobhymne singen, in welche längst das ganze Deutschland eingestimmt hat. Mit keinem seiner Zeitgenossen beschäftigte sich daher die literarische Forschung eingehender, als mit ihm, und wenn wir die stattliche Reihe Derjenigen überblicken, die sich das Studium dieses Dichters zur Aufgabe gemacht haben, finden wir zu unserer Freude die besten Namen darunter. Trotzdem aber hat die Forschung mit ihm noch nicht abgeschlossen, und fast täglich, wie man beinahe sagen kann, tauchen neue Schriften über Walther auf.

Der Hypothese ist bei diesem Dichter mehr als bei irgend einem Anderen freier Spielraum gelassen, denn es fehlen uns alle Daten über seine Person, und wenn wir von Wolfgers Reiserechnungen, und jenen Stellen in den Gedichten seiner Zeitgenossen absehen, so sind seine Lieder das einzige, dafür aber auch unvergängliche Zeugniss seines Lebens und Wirkens. Der Reiz, der für den Forscher gerade in der besonderen Schwierigkeit liegt, einerseits die Lebensumstände Walthers aus seinen Gedichten abzuleiten, und andererseits Walthers Gedichte durch seine Erlebnisse und die Ereignisse seiner Zeit besser zu erklären, und schliesslich die Geheimnisse seiner Kunst zu ergründen, und alle Schreibfehler der späteren Abschreiber nachzuweisen, und das Richtige dafür zu finden, ist bei der nationalen Bedeutung Walthers nur ein leicht begreiflicher, und der Umstand, dass noch so Vieles unerklärt, und so Manches unzulänglich behandelt wurde, muss immer wieder neue Kräfte zu erneuerter Forschung aufmuntern.

So beschäftigte ich mich seit langen Jahren mit eingehenden Waltherstudien, deren Ergebnisse ich seinerzeit dem Publikum noch übergeben zu können hoffe. Da ich es nun als die Pflicht eines Jeden ansehe, der sich mit irgend einer Sache beschäftigt, nachzusehen, und dankbar zu benützen, was seine Vorgänger bereits geleistet haben, so machte auch ich mich mit der gesammten Waltherliteratur vertraut, und glaube nicht, dass mir während meines jahrelangen Sammelns etwas Wesentliches entgangen sein dürfte. Von mehreren Seiten aufgefordert, eine kleine Schrift über die Waltherliteratur zu veröffentlichen, und so Denen, die sich mit diesem Dichter beschäftigen, — und deren gibt es ja doch so viele! — das mühevolle Zusammensuchen des überall Zerstreuten zu ersparen, unternahm ich es in der That, vorliegende Schrift zu veröffentlichen, da mich der Gang meiner eigenen Studien belehrte, wie sehr wir bisher einen derartigen Walther-Katalog entbehrten, und ich bin überzeugt, Manchem durch die Veröffentlichung einen kleinen Gefallen erwiesen zu haben.

Ich muss nunmehr noch einige Worte über die Principien, die mich bei der Zusammenstellung leiteten, folgen lassen. In erster Linie musste ich mir klar werden über die Aufgabe dieser Schrift und ihre Grenzen. Ich durfte nicht bloss die gelehrten Fachgenossen im Auge haben, da das Buch sonst in seinem Wirkungskreis um ein Bedeutendes eingeschränkt worden wäre; — es soll ja nicht bloss dem Kundigen als Katalog dienen, sondern auch Demjenigen, der sich mit unserm Dichter beschäftigt,

und mit der Waltherforschung und ihren Ergebniss
noch nicht ganz vertraut ist, als bequemer Füh
dienen können; ich durfte daher die aufgezählt
Arbeiten nicht vom hohen Orakelstuhle der Kri
herab besprechen, ich musste auf ihren Inhalt ei
gehen, und allgemein verständlich darüber urtheil
ohne dabei gerade unwissenschaftlich zu werden.

 Als das Material fertig vor mir lag, handelt
es sich um die Anordnung des Ganzen, und nach
reiflicher Erwägung entschied ich mich für die hi
gewählte Eintheilung. Es hätte vielleicht Einig
eine einfach alphabetische Reihenfolge mehr zugesagt.
wodurch wir die ganze Uebersicht verloren hätte
um aber trotzdem die Vortheile einer alphabetisch
Anordnung nicht zu verlieren, liess ich ein kurz
aber doch möglichst vollständiges Register am Schluss
folgen. Ueber die innere Anordnung der einzelnen
Abtheilungen habe ich jedesmal an betreffend r
Stelle meine Gründe angedeutet, und über die Ei
reihung muss ich hier nur noch bemerken, da
zuweilen sehr schwer war, sich für die eine oder di
andere Abtheilung zu entscheiden; dass ich bei d
einzelnen Schriften stets darauf gesehen habe, worin
ihr Hauptwerth und Gewicht bestand, und dass
demzufolge, selbst wenn der betreffende Verfass r
zum bessern Verständniss andere, bereits bekannt
und von Andern erforschte Momente breiter besprach
als die eigenen Forschungsergebnisse, doch nu
die letzteren hauptsächlich berücksichtigte und nach
diesen die Einreihung vornahm.

 Ich brauche nicht erst zu sagen, dass ich di
grösstmögliche Vollständigkeit angestrebt habe; tro

dem verhehle ich mir nicht, dass da und dort noch Einiges, was mir entging, zu finden sein mag. Thatsächlich Wichtiges dürfte mir jedoch kaum unbekannt geblieben sein, und absolut Schlechtes und Werthloses erwähnte ich hier absichtlich nicht, um Raum zur ausführlicheren Behandlung der hier aufgezählten Arbeiten zu gewinnen. Um jedoch dem Publikum eine wirklich complete Bibliographie der Waltherliteratur bieten zu können, legte ich dem Herrn geheimen Hofrath Professor Dr. Karl Bartsch in Heidelberg, dem trefflichen Waltherkenner, meine Arbeit im Manuscript vor, und bat ihn, mich auf die allenfalls noch fehlenden Schriften aufmerksam zu machen. In der That verdanke ich auch seiner Güte den Hinweis auf die Schriften von P. Wigand, Lange, Hoffmann etc. etc., was ich hier mit dem Ausdrucke meines Dankes erwähnen will. — Sollte Einer oder der Andere meiner freundlichen Leser in der Lage sein, diese Waltherliteratur noch weiter zu ergänzen, so bitte ich, mir davon baldmöglichst Mittheilung zu machen*) und mir womöglich die betreffenden Schriften selbst einzusenden. Auch an die Herren Verfasser richte ich die Bitte, mich für den Fall, dass neue Auflagen ihrer Arbeiten erscheinen, davon zu benachrichtigen, damit ich sie bei etwa folgenden Auflagen genügend berücksichtigen kann.

Zum Schlusse sei es mir noch gestattet, allen Denen, die mich bei meiner Arbeit förderten, namentlich der k. bayr. Hof- und Staatsbibliothek in Mün-

---

*) Adr.: Wien, Penzing, Pfarrgasse 13.

chen und der k. k. Universitätsbibliothek in Wien, meinen innigsten Dank auszusprechen.

Mit dem Wunsche, dass es mir gelungen sein möge, meine Aufgabe gut gelöst und Manchem einen Dienst erwiesen zu haben, übergebe ich denn diese kleine Schrift allen Freunden des unsterblichen Minnesängers Walther von der Vogelweide!

Wien, den 17. December 1879.

Willibald Leo.

Inhalt.

	Seite
Handschriften und Editionen derselben	1
Textausgaben	11
Uebersetzungen	22
Zur Erklärung und Erläuterung der Gedichte	28
Ueber Walthers Leben und Dichten im Allgemeinen	43
Ueber Walthers Leben im Besonderen	55
Tyrol und die Heimathfrage Walthers	68
Walthers Standpunkt als Mensch und Dichter	75
Verschiedenes	86
Register	93

Handschriften
und
Editionen derselben.

Wir beginnen mit den Handschriften, als der Grundlage aller Walther-Ausgaben, wie überhaupt aller Schriften über Walther von der Vogelweide, da wir von diesem Dichter ausser den jüngst von Prof. Wolf in Cividale aufgefundenen Reiserechnungen Wolfgers von Ellenbrechtskirchen kein anderes urkundliches Zeugniss seines Lebens besitzen. —

Es wird jedoch nicht getadelt werden können, wenn ich hier nicht näher auf deren kritischen Werth, sowie ihr Verhältniss zu einander eingehe, und dass ich auch nicht ihre Uebereinstimmung oder allenfallsige Abweichung unter einander genau untersuche und bestimme, da dies Aufgaben wären, die in dem engen Rahmen einer blossen Studie doch keinen Raum finden würden. Wer sich genauer darüber informiren will, den verweisen wir auf Wilmanns diesbezüglichen Aufsatz in Haupts Zeitschrift für deutsches Alterthum, XIII. Band, Seite 217—288, welcher ziemlich erschöpfend darüber handelt, und viel Dankenswerthes enthält, wenn wir ihm auch nicht durchgehends beipflichten wollen. — So beginnen wir denn mit der Aufzählung der nachfolgenden Handschriften:

1. (*A*) die Heidelberger Handschrift Nr. 357. Dieselbe stammt entschieden noch aus dem 13. Jahrhundert und ist sehr schön und zierlich niedergeschrieben, wenn sie auch in Bezug auf Akribie Manches zu wünschen übrig lässt. Dieselbe enthält die Lieder von 34 Dichtern, darunter (an vierter Stelle, Blatt 5—13 rückw.) 151 Strophen von Walther von der Vogelweide. (Die Anfänge der Töne sind am Rande mit § bezeichnet.)

2. (*B*) die Weingartner Liederhandschrift, welche aus dem Kloster Weingarten stammt, und die sich gegenwärtig in der königl. Privatbibliothek zu Stuttgart befindet, woselbst sie vor einigen Jahren neu gebunden und beschnitten wurde; dieselbe wird zu Anfang des 14. Jahrhunderts niedergeschrieben worden sein, und ist mit den Bildnissen von Dichtern geziert.

Sie enthält Lieder von 32 Dichtern und an 25. Stelle (S. 140—170, S. 171—177 sind leer geblieben) 112 Strophen Walthers von der Vogelweide. Eine Abschrift dieser Sammlung existirt von Uhlands theurer Hand.

3. (*C*) die Pariser, oder sogenannte Manessische Handschrift, gegenwärtig zu Paris. Dieselbe ist entschieden die reichhaltigste Sammlung, wenn auch von sehr ungleichem Werthe. Sie ist jünger als die Handschriften 1, 2, 4 und wurde lange Zeit ohne Grund die manessische genannt, weil Bodmer, der sie 1758 (siehe S. 7) herausgab, nach einer Stelle im Johann Hadlaub annahm, dass sie der Züricher Patrizier **Rüdeger Manesse** habe anlegen lassen — (Hadlaub aber sagt nichts davon, und erwähnt nur, dass die Manessen Liederbücher sammelten. — Diese Handschrift war lange Zeit im Besitze der Freiherrn von Hohensax und der erste, der schon im 16. Jahrhundert auf dieselbe wieder aufmerksam machte, war der schweizerische Geschichtsschreiber **Johannes Stumpf**). Bereits im 17. Jahrhunderte kam sie

nach Frankreich und die erste Meldung ihres Auftauchens in Paris verdanken wir Schilter (+ 1705) der sie in der Vorrede zum III. Th. seines Thesaurus p. XXVI, erwähnte. 1726 wurde sie von Johann Philipp v. Bartenstein benutzt, bis sie 1758 von Bodmer und Breitinger (s. daselbst) vollständig herausgegeben wurde.

Eine Abschrift davon existirt in Bremen. (Auch Goldast und Schobinger hatten sie im Anfang des 17. Jahrh. abgeschrieben.) Eine Geschichte der Handschrift von v. d. Hagen befindet sich in B. C. Mathies Facsimile (siehe S. 10).

4. (*D*) die Heidelberger Handschrift Nr. 350 stammt wie die Handschrift 1 sicher noch aus dem 13. Jahrhundert, und enthält auf Blatt 38 rückw. eine Sammlung von Walthers Liedern, jedoch ohne dessen Namen zu nennen, und bricht schon bei der 18. Strophe mitten im Quatern ab.

5. (*E*) die Würzburger Handschrift dürfte noch im ersten Drittel des 14. Jahrhunderts niedergeschrieben sein und enthält auf Blatt 168—180 rückw. 212 Strophen Walthers von der Vogelweide (darunter zahlreiche unechte Strophen). Diese Handschrift enthielt ursprünglich noch mehr Strophen Walthers, leider aber fehlen sieben Folioblätter, auf denen sich u. A. auch der Schluss von Walthers Liedern befand, so dass wir hier zunächst fast nur Liebeslieder von Walther von der Vogelweide finden, deren jedes Einzelne am Anfang roth *her walther von der vogelweide* etc. überschrieben ist. Diese Liedersammlung befindet sich gegenwärtig in der Münchener Universitätsbibliothek. Eine genaue Beschreibung der Handschrift gab Ruland im Archiv des historischen Vereins von Unterfranken, Bd. XI, Heft 2—3, Seite 1—66.

6. (*F*) die Weimarer Liederhandschrift, aus dem Anfange des 15. Jahrhunderts stammend, und auf 150 Quartblättern Papier eine Sammlung von

Liedern enthaltend. Auf Blatt 101—106, 109 befinden sich 49 Strophen Walthers von der Vogelweide, jedoch wieder ohne Unterschrift und Namen. Der Text ist oft arg entstellt, und hat sich nur in wenigen Strophen rein erhalten. Eine Abschrift davon fertigte sich W. Grimm an.

Ausserdem finden sich noch Waltherische Strophen und Lieder in anderen Sammlungen zerstreut, fast durchgängig aber ohne Walthers Namen, wenn nicht direct ein anderer Name untergeschoben ist.

7. (A) So finden sich gleich in der Handschrift 1 25 und 3 Strophen unter fremden Namen. Ferner finden sich in dem später

8. (a) angehefteten Nachtrage zur Handschrift 1 zehn auf einander folgende Strophen Walthers, und noch zwei unter den Liedern Rubins, (auf Blatt 41, 42).

9. (E) 40. Weiters eine Strophe in der Handschrift 5 auf Blatt 188 rückw. unter „*hern Reymar's*" Namen.

10. (c) In der Handschrift 5 im Anhang, welchen der Würzburger Abschreiber ohne besondere Kritik einfach für Reimarische Gedichte hielt, und jedem Liede „*her Reymar*" vorsetzte, befindet sich auf Blatt 190 gleichfalls ein Gedicht Walthers.

11. (H) In einer Sammlung geistlicher und moralischer Lieder, die der Handschrift 4 angebunden ist, befindet sich auf Blatt 55—56 ein untergeschobenes Lied.

12. (i) In der Donaueschinger Handschrift steht vor der von Claus Wisse und Philipp Colin 1336 vollendeten Erweiterung von Wolfram's Parcival (herausgegeben von L. Uhland in II. Schreiber's Taschenbuch für Geschichte und Alterthum von Süddeutschland, 1840, S. 261) gleichfalls eine Strophe Walthers von der Vogelweide. (Dieselbe

Strophe gibt auch von der Hagen in seinen „Minnesingern" Band 3, Seite 468c nach der römischen Handschrift).

13. (k) Die Heidelberger Handschrift Nr. 341 enthält auf Blatt 6 ff. Walthers Leich. (Eine Abschrift der ganzen Handschrift von F. Jarick besitzt die Berliner Bibliothek).

Nur wenig abweichend von dieser Handschrift, findet sich der Leich auch in

14. (k^2) der Koloczaer Handschrift (zum Theil herausgegeben von Joh. N. Grafen Majláth und Joh. Paul Köffinger in Pest 1817 bei Hartleben. (der Leich Ws. fehlt.) Eine noch kleinere Auswahl dieser Handschrift veröffentlichte Majláth später in neuhochdeutscher Uebersetzung 1819 bei Cotta in Stuttg. und Tüb.

Ferner befindet sich der Leich noch in

15. (l) der Wiener Handschrift Nr. 2677, auf Blatt 54a—56b.

16. (L) Im Frauendienst Ulrichs von Lichtenstein ist eine Strophe von Walther von der Vogelweide enthalten. (In Lachmanns Ausgabe 1841 auf S. 240).

17. (M) Eine prachtvolle Münchener Handschrift aus dem 13. Jahrhundert enthält 3 Strophen, welche sich in Docens Miscellaneen 2, (1807) 200, 202, 207 und in Schmellers „Carmina Burana" (1847) Seite 72, 190 und 205 abgedruckt finden.

18. (N) In der Pergamenthandschrift eines lateinischen Psalteriums der Stiftsbibliothek zu Kremsmünster (Nr. 127, VII. 18) befinden sich auf dem vorletzten Blatte 6 Strophen Walthers und der Anfang einer siebenten. (Abgedr. in Pfeiffers Germania II. [1857] S. 472).

19. (n) In der Handschrift II. 70a der Leipziger Rathsbibliothek befindet sich auf Blatt 95b eine Waltherische Strophe (in niederrheinischer Umarbeitung).

Abschrift nahmen davon Jacob Grimm und Haupt.

20. (*o*) Gleichfalls in niederrheinischer Umarbeitung steht eine Walthersche Strophe in einer Berliner Handschrift unter längeren Gedichten und zwei Liedern zwischen der Chronik des van Ripechouc (bis 1230) und Gottfrieds Tristan auf Blatt 63 rückw.

21. (*p*) Eine Berner Handschrift aus dem 14. Jahrhundert enthält drei Strophen Walthers, welche in Graff's Diutisca 2 (1827) S. 264 f. abgedruckt sind. Siehe auch Haupts Zeitschrift 4, S. 479).

22. (*q*) Mit Walthers von der Vogelweide Namen ist eine Strophe in einer aus dem 14. Jahrh. stammenden Handschrift der Universitätsbibliothek zu Basel enthalten. Abgedruckt in Haupt und Hoffmann's „Altdeutschen Blättern" 2, (1838) S. 131. Ebendaselbst auf S. 124 abgedruckt ist eine Strophe, welche in dem aus dem 14. Jahrh. stammenden

23. (*r*) Schwabenspiegel der juristischen Bibliothek in Zürich mit dem Namen Walthers zu finden ist.

24. (*s*) Eine handschriftliche Sammlung holländischer und deutscher Gedichte in der königl. Bibliothek im Haag enthält unter den Nummern 29, 30, 41, 81 fünfzehn Strophen Walthers, darunter acht mit seinem Namen (vgl. Zachers Aufsatz in Haupts Zeitschrift für deutsches Alterthum I. [1841] Seite 227 ff).

25. (*t*) Die Kolmarer Liederhandschrift auf der Hof- und Staatsbibliothek zu München (cod. Germ. 4997) enthält auf Blatt 718ac drei Strophen Walthers von der Vogelweide. Abgedruckt in Wackernagels Ausgabe.

Zwei wichtige Handschriften, eine (nach Docens Angabe im „altdeutschen Museum" II. Seite 27) mit den ursprünglichen Melodien zu Walthers Liedern (aus dem 14. Jahrh.) und eine in der Schlosscapelle zu Wittenberg befindliche Handschrift (u. A. den Leich Walthers enthaltend) sind leider verloren gegangen. (Siehe „Serapeum" 1860. Seite 299 und Germania, XXIV. Bd., S. 16 u. 18.)

26. (*x y*) In dem Liede vom edeln Möringer finden sich noch Stücke von zwei Strophen. (Zwei Abdrücke in Gräter's Bragur, aus einem Drucke von 1493 (S. 207) und aus einer Handschrift von 1533, (3, 411. 412.)

Von den hier aufgezählten 26 Handschriften, die wir in der von Lachmann aufgestellten und von allen seinen Nachfolgern eingehaltenen Reihenfolge anführten — da sie die natürlichste ist — sind mehrere schon vollständig und getreu herausgegeben worden, auf die wir gleich näher eingehen wollen. Wo es sich jedoch um Abdrücke einzelner Gedichte und Bruchstücke, wie z. B. bei der Handschrift 17 oder 18 etc. etc. handelt, dort unterliessen wir es, diese Abdrücke hier nochmals anzuführen, da sie schon unter den Handschriften selbst erwähnt sind. Wir gehen nun zur Aufzählung der ebengenannten Abdrücke über, die wir in chronologischer Ordnung folgen lassen. Die erste Ausgabe einer der vorher aufgezählten Handschriften verdanken wir den beiden Schweizern

1. **Bodmer** und **Breitinger** in deren bekannter Sammlung von **Minnesingern** aus dem schwäbischen Zeitpunkte. CXL Dichter enthaltend, durch Rüdger Manessen, weiland des Raths der uralten Zyrich. Aus der Handschrift der königl. französischen Bibliothek herausgegeben. 2 Thle. Durch Vorschub einer ansehnlichen Zahl von Freunden des Minnegesanges, verlegt bei Orell und Comp. in Zyrich 1758. in gr. 4.

Dieses Werk enthält auf Seite 101—142 des I. Theils die Gedichte Walthers von der Vogelweide nach der sog. Pariser Liederhandschrift (3 C). Dieses Buch kann sich sonach rühmen, die Editio princeps unseres Walther gewesen zu sein, die überhaupt Anspruch auf nur einige Vollständigkeit machen konnte. Allerdings brachte Bodmer in seinen „Proben der alten schwäbischen Poesie", (Fürth 1748) (Seite 73 bis 108, 270, 3) schon Auszüge, wiederholte aber zehn Jahre später in dem oben genannten Werke leider auch alle Fehler dieser Ausgabe. Ueberhaupt überragten die beiden Herausgeber ihre germanistischen Zeitgenossen in keiner Beziehung, d. h. sie waren in jeder Hinsicht so unkritisch und incorrect, wie alle damaligen Gelehrten, die sich eben nur der Curiosität halber hie und da unsern eigenen alten Sprachdenkmalen zuwenden mochten, da ihnen sowohl Sinn als rechtes Verständniss noch vollständig abging. Trotzdem werden Bodmer und Breitinger in der Geschichte der german. Philologie immer einen festen Platz behaupten, da ihnen das Verdienst nicht streitig gemacht werden kann, dass sie unter die ersten Pionniere der grossen Dichter unseres Mittelalters zu zählen sind und gewiss sehr viel zu deren „Wiedererweckung" beigetragen haben.

Eine Ergänzung dieser Ausgabe nach der Handschrift Goldast's in der Bremer Bibl. gab Prof. Georg Fried. Benecke unter dem Titel: Minnelieder. Ergänzung der Samml. von Minnesingern; Göttingen 1810 bei Heinr. Dietrich in 8°. heraus und auf Seite 267 dieses Werkes werden einige dort fehlende, Walther zugeschriebene Verse abgedruckt.

2. von der Hagen, Friedrich Heinrich. Minnesinger. Deutsche Liederdichter des 12., 13. und 14. Jahrhunderts, aus allen bekannten Handschriften und früheren Drucken gesammelt und berichtigt, mit den Lesarten derselben, Geschichte des Lebens der Dichter und ihrer

Werke, Sangweisen der Lieder, Reimverzeichniss der Anfänge und Abbildungen sämmtlicher Handschriften. 4 Theile in drei Bänden. gr. 4. Leipzig 1838. Ambr. Barth. (nebst einem Supplement 5. Theil) unter dem besonderen Titel: Bildersaal altdeutscher Dichter etc. (Nebst 75 Abbildungen auf 41 Tafeln in Fol.) Berlin 1856. Verlag von Stargardt. gr. 4. (Der Verleger veranstaltete von diesem Werke viererlei Ausgaben, welche sich jedoch nur durch die typographische Ausstattung von einander unterscheiden.

Ist gleichfalls als eine Ausgabe der Pariser (Manessischen) Handschrift zu betrachten, welche von der Hagen sowohl nach Rassmanns Vergleichung ergänzt und hergestellt als auch erweitert hat. Diese Ausgabe darf wohl als des Verfassers Hauptwerk betrachtet werden, und ist auch als Ganzes heute noch werthvoll und brauchbar, wenn es auch im Einzelnen veraltet und längst überholt ist, da die Textkritik gerade nicht von der Hagens stärkste Seite war. Walthers Gedichte finden sich im 1. Bande auf Seite 222—279.

3. Dr. Pfeiffer, Franz. Die Weingartner Liederhandschrift. (2. *B*) Stuttgart 1841, in 8. (In der fünften Publikation des literarischen Vereins zur Herausgabe älterer Drucke und Handschriften in Stuttgart." [Bereits vergriffen]).

Die werthvollsten Ausgaben der unsern Dichter betreffenden Liederhandschriften verdanken wir dem Feuereifer unseres Franz Pfeiffer, der in uneigennützigster Weise jahrelange Arbeit daran setzte, um die Publikation der beiden wichtigsten, in Deutschland verbliebenen Manuscripte zu ermöglichen. Es wäre überflüssig, wollten wir hier noch erwähnen, dass er seine Aufgabe auch hier mit der umfassenden Gelehrsamkeit und Genialität, die alle seine Werke auszeichnet, löste. Der hier angeführten Ausgabe der **Weingartner** Liederhandschrift folgte schon nach Jahresfrist die der **Heidelberger**, deren Titel wir hiemit gleich folgen lassen:

4. Dr. **Pfeiffer Franz**, Die Heidelberger Liederhandschrift (1. [*A*.]). Stuttgart 1843—1844, 8. (In der neunten Publikation des „literarischen Vereins zur Herausgabe älterer Drucke und Handschriften in Stuttgart".)

Von dieser Ausgabe gilt dasselbe Lob, das wir der vorerwähnten zu Theil werden liessen, indem wir sie gleichfalls als das **Muster** einer derartigen Publikation bezeichnen müssen. Schliesslich sei noch erwähnt die Ausgabe von

5. **Mathieu, Bernard Carl.** Facsimile der sogenannten Manessischen Handschrift (3. [*C*.]) — (Mit einer Geschichte derselben von Fr. von der Hagen.) Paris 1850 (und dann auch Leipzig 1860) in gr. Folio.

Eine allerdings weniger kritische, aber dennoch sehr werthvolle, nur leider unvollständige Ausgabe dieser wichtigen Handschrift, die uns in ihrer vollendetsten Treue das Original fast entbehren lässt. Die Ausstattung darf eine wahrhaft glänzende genannt werden, und lässt uns nur wünschen, dass wir bald **ähnliche** Ausgaben aller wichtigen deutschen Handschriften bekämen, welche in fremden Bibliotheken aufbewahrt sind, denn solche Facsimiledrucke sind doch in der Regel allen anderen — wenn auch noch so gediegenen Ausgaben vorzuziehen. (Eine Abbildung der meisten Handschriften findet sich in v. d. Hagens Minnesingern. Band IV.)

Textausgaben.

Den Handschriften und deren einfachen Editionen stehen naturgemäss zunächst die speciellen Textausgaben Walthers. Solche haben wir bereits 9, und es ist ein erfreuliches Zeichen der zunehmenden Popularität Walthers von der Vogelweide, dass von den beiden epochemachenden Ausgaben Karl Lachmanns und Franz Pfeiffers jede bereits fünf Auflagen erlebt hat. Doch bevor wir an die Aufzählung der Textausgaben gehen, wollen wir zuerst mit wenig Worten einige Daten aus der Geschichte der Waltherforschung anführen, so weit sie uns nämlich bei dem Zwecke unserer Brochure nöthig erscheinen.

Es ist bekannt, wie der Minnegesang allmählig mehr und mehr verfiel, und damit fielen denn auch die Minnesänger selbst zuletzt der Vergessenheit anheim. Die Meistersinger kannten nur noch wenige davon dem Namen nach, und unter diesen war auch unser Walther von der Vogelweide, den sie für einen ihrer Lehrer ausgaben, und welchen sie aus Böhmen stammen liessen. *)

Es gemahnt mich unwillkürlich an das Märchen vom jahrhundertlangen Schlafe Schön-Dornröschens, wenn ich an des Minnengesangs Frühling und die darauffolgenden Jahrhunderte denke. Das rosenumrankte Schloss der Märchenprinzessin war

---

*) Bei Wagenseil 506: „Der Fünfft Herr Walther hies
    War ein Landherr aus Böhmen
  gewiss
  Von der Vogelweid war
  Schön."
Vgl. auch Görres' Altdeutsche Volks- und Meisterlieder, 221.

bald vergessen, und nur alle heiligen Zeiten wagte
es einmal ein einzelner kühner Freier, die Rosen-
hecken zu durchdringen; aber sie gingen darüber
zu Grunde oder kehrten nach vergeblichem Be-
mühen wieder um, bis endlich der rechte kam,
der dann wieder Alles ins Leben zurückzurufen ver-
stand. Ein solches Dornröschen war ja auch unsere
mittelhochdeutsche Dichtung; nur selten wagte sich
Einer in die sie umgebenden dichten Rosenhecken,
aber Keinem gelang es, durchzudringen: — Sinn und
Verständniss dafür waren ja gänzlich erstorben. So
war auch Walther von der Vogelweide vergessen,
als hätte er nie ein deutsches Herz mit seinen
Liedern bewegt und nie eines durch seine Sprüche
erschüttert und begeistert; vergessen war der ge-
waltige Dichter, dessen Wort in ganz Deutschland
gewichtig in die Wagschale fiel, und der es zur
Blüthezeit der kirchlichen Herrschaft über die Welt
wagen durfte, gegen das allmächtige Rom auf-
zutreten! — —

Der Erste, der ihn nach Jahrhunderten wieder
erwähnt, ist vielleicht der Schweizer Chronist J o h a n n
S t u m p f (1500—1566), welcher unseren Dichter zu
einem Thurgauer macht. *) Bei weitem mehr Be-
achtung verdient jedoch M e l c h i o r G o l d a s t (geb.
1576 zu Espen, † als Kanzler zu Giessen 1635).
der sich schon eingehend mit unsern mittelhoch-
deutschen Dichtern beschäftigte, und sogar an eine
Herausgabe der sog. Manessischen Handschrift dachte.
Er erwähnte unsern Dichter mehrfach in seinen
Werken und nennt ihn im P a r a e n e t i c o r u m

---

*) „Walther von der Vogelweid war ein frommer biderber,
nothaffter Ritter an Keysers Philippi Hof: wie sölchs bezeuget
sein selbst eigen Lied in einem vralten Buch vnder Keyser
Heinrich und König Cuonraden, dem jungen geschriben."
Stumpfs Schw. Chr. I. Ausg. 1548. II Bl. 31 in der Ausg.
von 1606 Bl. 373 findet sich der Zusatz: „Darinn auch sein
Waapen abgemaalet."

veterum (1604), Pars I. u. A.: „Optimum vitiorum censorem ac morum castigatorem acerrimum." Ferner that er dies namentlich in der ersten Ausgabe des „Valerianus Cimelensis episcopus" (1601) und in seiner „Replicatio pro imperio" (1611) etc. etc.

Aus Goldast scheint C. Hoffmann von Hoffmannswaldau geschöpft zu haben, der in der Vorrede zu seinem Schäferspiele Amaryllis und Mirtillo (Breslau 1679, gewöhnlich unter dem Titel „Der getreue Schäffer" enthalten in dessen Werke „C. H. V. H. Deutsche Uebersetzungen und Getichte" [in verschiedenen Sammel-Ausgaben]) eine Art Literaturgeschichte gibt und unter andern mittelhochdeutschen Dichtern auch unsern Walther mit den Worten: „Walther von der Vogel-Weide, ein Land-Herr ist nicht unter den Geringsten gewesen, und hat ongefähr umb das Jahr 1200 sich hören lassen, wie er dann dem Kayser Philippen ein Buch zugeschrieben haben soll. Ihm werden diese Reime zugeeignet: „Wer ziret nu der eren-Sal; etc. bis: nû ist ez ir werdekeit." (Lachm. 24, 3. Pfeiffer 96) anführt und die er in einem fehlerhaften Mittelhochdeutsch und in seiner neudeutschen Uebersetzung mittheilt.

Im vorigen Jahrhundert begann man sich schon mehr für die mittelalterliche Poesie und somit auch für unsern Dichter zu interessiren, so dass sich schon Gleim, und ein paar Jahrzehnte später auch L. Tieck veranlasst sahen, Einiges von Walther von der Vogelweide in ihr Deutsch zu übersetzen. Wir wollen uns jedoch nicht länger mit Aufzählung all Derjenigen, die Walther da oder dort erwähnten, aufhalten, da wir die betreffenden unwesentlichen Stellen als schon bekannter voraussetzen dürfen. Zu wirklich neuem Leben ist Walther von der Vogelweide erst durch Karl Lachmann erweckt worden, und fast Alle, deren Arbeiten im Verlaufe dieses

Bändchens erwähnt werden, haben mehr oder minder ihr Scherflein dazu beigetragen, um Walther ein unvergängliches Denkmal im Herzen der deutschen Nation zu errichten. —

Wir schreiten nun zur Aufzählung der, nach den verschiedenen Handschriften bearbeiteten Textausgaben und beginnen mit:

1. Lachmann, Karl. Walthers von der Vogelweide Gedichte. 1827, 1843, 1853, IV. Auflage 1864, besorgt von M. Haupt. V. Auflage 1875, besorgt von Müllenhoff. Berlin bei Reimer. 234 Seiten in gr. 8.

Es ist dies die eigentliche Editio princeps Walthers von der Vogelweide und gilt mit Recht als eine der besten Leistungen Lachmanns. Der Herausgeber verwendete seine ganze Kraft darauf, eine mustergültige Ausgabe zu schaffen, und dies ist ihm auch von seinem Standpunkte aus vollkommen gelungen. Nur ist sein Standpunkt der der vornehmsten Gelehrsamkeit und somit sein Walther auch nur für Gelehrte berechnet. Lachmann schenkte uns jedoch nicht nur die erste, sondern auch bis heute noch die einzige Ausgabe, die den vollständigen kritischen Apparat enthält und daher auch trotz der vorgeschrittenen Waltherforschung eigentlich die wichtigste geblieben ist, auf die man sich fortwährend berufen muss. Im Uebrigen enthält sie nur magere historische und kritische Anmerkungen, die durch Haupt und Müllenhoff, die sich um die Ausgabe wesentliche Verdienste erworben haben, allerdings etwas vermehrt wurden. Lachmann gab den Text der Lieder in der Ordnung, wie sie in den Handschriften auf einander folgen, was allerdings natürlich erscheinen mag, wenn auch dadurch oft sehr schlecht zu einander Passendes zusammen kommt und eine Uebersicht über Walthers charakteristische Eigenschaften bedeutend erschwert. Bekannt ist Jacob Grimm's Recension dieser Ausgabe

in Seebode's krit. Bibl. 1828, Nr. 5, wie auch die
Wilh. Grimm's in den Gött. gel. Aus. 1827, Nr. 204.
— Wir wollen hier nur noch erwähnen, dass Köpke,
der Freund Lachmanns, schon 1818 in Büschings
wöchentlichen Nachrichten IV., 11—19., vorläufige
Proben der von Lachmann (Anfangs mit Köpke's
thätiger Beihilfe) unternommenen Ausgabe der
sämmtlichen Gedichte Walthers von der Vogelweide
herausgab.

In derselben Wochenschrift veröffentlicht sodann
im Jahre 1820, Seite 178—203, Lachman selbst
eine Auswahl aus seiner Walther-Ausgabe.

Die nächste Ausgabe, welche jedoch nur einen
Auszug des kritischen Apparates brachte und daher
bezüglich des letzteren immer auf Lachmann verweist, ist die von

2. Wackernagel, Wilhelm, und Max Rieger,
Walther von der Vogelweide nebst Ulrich von
Singenberg und Liutold von Seven. 1861, Giessen,
Rickers Verlag.

Die beiden trefflichen Herausgeber wollten
vorzüglich nur ein Schulzwecken dienendes Werk
in der obengenannten Ausgabe Walthers bringen,
und haben im Grunde mehr gehalten, als sie versprachen. Freilich vermissen wir ungerne die Erläuterungen, die gewiss hochinteressant gewesen
wären. Wohl aber finden wir die wichtigsten Lesarten unter dem Texte angegeben, und ausserdem
eine vortreffliche und sehr gelehrte Einleitung.
Was dem Buche neben den andern Ausgaben noch
einen besonderen Werth sichert, ist die Beigabe
der Gedichte Ulrichs von Singenberg und Liutolds
von Seven, wozu sich die Herausgeber besonders
durch den Umstand bewogen fühlten, dass die Gedichte dieser beiden Letztgenannten häufig
genug in den Handschriften mit denen Walthers
verwechselt werden. Schliesslich will ich nicht unerwähnt lassen, dass Wackernagel und Rieger

in dieser Ausgabe die von Weiske im Weimarer Jahrbuch aufgestellte Theorie der Reihenfolge der Minnelieder Walthers (siehe weiter unten Weiske's diesbezügl. Schrift S. 40) practisch durchführten, wodurch sich diese Ausgabe zunächst von der Lachmanns unterscheidet. Die Herausgeber wollten Lachmanns Ausgabe durchaus nicht verdrängen, sondern nur „einen Theil dessen erledigen, was er zu thun übrig gelassen, und so manchen Missgriff, der bei seiner Arbeit untergelaufen, gut machen". An dieses Werk schliesst sich Riegers Biographie Walthers direct an. (Siehe dieselbe.) Einen bedeutenden Schritt vorwärts in Bezug auf die Allgemeinverständlichkeit machte die Ausgabe von

3. Dr. Peiffer, Franz. Walthers von der Vogelweide Gedichte, 1864, 1866, 1870, 1873, 1876. Dritte bis fünfte Auflage besorgt von Karl Bartsch. Leipzig, Brockhaus. 344 Seiten. Auch unter dem Titel: („Deutsche Klassiker des Mittelalters", Band I).

Diese Ausgabe ermöglichte es endlich, dass Walther von der Vogelweide wieder den Weg in das Herz des deutschen Volkes fand. Man sagt nicht zu viel, wenn man Pfeiffers Werk ein Epochemachendes nennt. Pfeiffer sah ein, dass man in der Weise, wie Lachmann und seine Schule die mittelhochdeutschen Dichter bearbeiteten, nicht fortfahren dürfe, wenn man nicht wollte, dass die Resultate der Wissenschaft noch länger unfruchtbar in hochgelehrten, dem gebildeten Laien unverständlichen Werken aufgespeichert blieben. Dadurch wurde zuerst die grosse Spaltung im germanistischen Lager hervorgerufen, und heute gilt der Feldruf: „Hie Lachmann und hie Pfeiffer!" So stehen sich denn auch hier, wie in allen Künsten und Wissenschaften, Idealisten und Naturalisten gegenüber; aber Pfeiffer war ein ebenbürtiger Gegner

Lachmanns, der nie mit so unwürdigen Waffen kämpfte, wie die Anhänger Lachmanns gegen ihn. Dass Pfeiffer für Walther von der Vogelweide mehr gethan, als all' seine Vorgänger miteinander, läugnen selbst seine Feinde nicht, und seine Ausgabe unterscheidet sich wesentlich von der Lachmanns. Nach einer allgemeinen Einleitung über Walthers Leben etc., in welcher Pfeiffer u. A. auch seine wichtige Entdeckung der muthmasslichen Tyroler Heimat unseres Dichters zuerst anzeigte, *) folgt eine kleine Abhandlung über mittelhochdeutsche Aussprache und Verskunst (natürlicherweise mit Rücksichtnahme auf Walthers Kunst). Darauf geht er zu dem eigentlichen Texte über, den er in chronologischer Ordnung folgen lässt, so weit dies zu bestimmen irgend möglich war, und den er I. in Lieder, II. den Leich und III. in Sprüche eintheilt. Den einzelnen Gedichten gibt er Ueberschriften und schickt jedem eine kurze geschichtliche und sachliche Einleitung über den Inhalt des Gedichtes voraus, und gibt unter dem Text noch eingehende sprachliche und grammatikalische Anmerkungen. Den Schluss bildet sodann eine Zeitfolge der bestimmbaren Sprüche, ein Verzeichniss der Versanfänge und ein kleines Wortregister (circa 20 Seiten stark). Ausserdem findet sich hier noch eine gleichfalls erst von Prof. Bartsch hinzuge-

---

*) Seite XXV der Einleitung heisst es diesbezüglich: „In dem unter der Regierung Meinhards, Grafen von Tyrol und von 1286 Herzogs von Kärnten († 1295) in deutscher Sprache geschriebenen, noch ungedruckten Urbarbuche, in welchem die Einkünfte des fürstlichen Hauses in Tyrol verzeichnet werden (Original-Handschrift auf der k. k. Hofbibliothek in Wien, Nr. 2699), finde ich unter der Rubrik: *der alte ge (reditus antiquus) im Wibtal*, Bl. 28. a. zwischen Mittenwa¹ und Schellenberch aufgeführt: „*datz Vogelweide an dem ? biste driu pfunt.*" Weiter untersucht Pfeiffer, wo diese „V_' weide" gelegen haben könnte, und findet sie auch unwe[.] jetzt berühmten Vogelweiderhofes am Eisackfluss.

fügte Vergleichungstabelle der Pfeiffer'schen Ausgabe mit denen von Lachmann, Wackernagel-Rieger und Wilmanns (siehe die nächstfolgende Ausgabe) und eine Vergleichung der Lachmann'schen Zählung mit den andern Ausgaben, wodurch die gleichzeitige Benützung mehrerer Walther-Ausgaben um ein Bedeutendes erleichtert wird. Grosse Verdienste um Pfeiffers Werk erwarb sich nach dessen zu frühem Tode der treffliche Nachfolger seiner Lebensaufgabe, Karl Bartsch, der Pfeiffers Buch immer auf der Höhe der Forschung zu erhalten verstand.

Die darauffolgende Ausgabe wurde von einem Lachmannianer veranstaltet, der zwar Vieles von Pfeiffers und Bartsch's Untersuchungen und Forschungen, jedoch oft ohne Quellenangabe aufnahm, und dabei gegen Pfeiffer fortwährend in den Anmerkungen seiner Arbeit polemisirt. Die erwähnte Ausgabe ist von

4. Wilmanns W. Die Gedichte Walthers von der Vogelweide (im ersten Band von Zacher's „Germanistischer Handbibliothek") Halle, 1869. Buchhandlung des Waisenhauses. Gr. 8°, 402 Seiten.

Vorliegende Ausgabe kann man gewissermassen als ein Seitenstück zur Pfeiffer'schen ansehen; während jedoch Pfeiffer die Gebildeten im Allgemeinen im Auge hat, beschränkt sich Wilmanns auf Diejenigen, die speciell die mittelhochdeutsche Literatur studiren wollen. — Die Einrichtung dieser Ausgabe ist der Pfeiffer'schen ähnlich; nach einer Einleitung, die sich mit Walthers Leben und seiner Kunst etc. beschäftigt, folgen die mit Ueberschriften und Bemerkungen über Inhalt, Entstehungszeit etc. versehenen Gedichte, denen unter dem Texte sachliche Anmerkungen beigegeben sind. Wilmanns hat sich in Bezug auf die Textkritik zunächst an Lachmann gehalten (auf dessen gesammelten kritischen Apparat er auch stets verweist; in den Abweichungen scheint er mir sowohl der Pfeiffer'schen als der Wackernagel-Rieger'schen viele Anregung entnommen zu haben, wiewohl er dies nicht besonders angibt. Ausserdem folgte er dabei auch einem eigenen Systeme (das er in Haupts Zeitschr. im XIII. Bd., Seite 251 ff. niedergelegt), ist aber nicht immer sehr glücklich in seinen Correcturen. Namentlich gilt dies von seiner Anordnung des Leich's. Trotzdem Pfeiffer's Einfluss auf diese Recension des Walther zu Tage tritt, ist es doch gerade Wilmanns, der ihn wie schon erwähnt bei jeder Gelegenheit angreift. Immerhin darf man Wilmanns Verdienste nicht unterschätzen, da er mit grosser Fachkenntniss und Liebe zu Werke ging, und selbstständige Forschungen anstellte, die sehr viel zum bessern Verständniss des Dichters beigetragen. Was wir vermissten, ist eine Grammatik und ein Glossar zu Walthers Gedichten, welche wir bei dem angegebenen Zwecke der Ausgabe zu erwarten nicht unberechtigt wären. Höchst störend wirken die mehrfach sehr auffälligen Druckfehler.

Bekannt ist Karl Bartsch's neuere Mitwirkung an Pfeiffer's Walther. Zuerst aber sehen wir dieses Verfassers Ansichten über Walther praktisch durchgeführt in

5. Bartsch, Karl. Deutsche Liederdichter des XII.—XIV. Jahrhunderts. Eine Auswahl. Leipzig 1864. (2. vermehrte und verbesserte Auflage. Stuttgart 1879. Göschen. 8. 407 Seiten.)

Wir können über dieses Werk nur in Rücksicht auf Walther von der Vogelweide sprechen. Auf Seite XXXV—XXXVII der Einleitung finden wir eine kurze Biographie Walthers, Seite 68—94 eine Auswahl aus seinen Gedichten, und Seite 325 bis 330 die Anmerkungen hiezu. Es ist freilich selbstverständlich, dass der Verfasser bei der grossen Menge des Stoffs unserm Dichter nur verminderte Aufmerksamkeit schenken konnte; nichtsdestoweniger sehen wir nichts Wesentliches übergangen. Bei der Bedeutung des Namens Bartsch in der Waltherliteratur glaubte ich dieses Werk mit anführen zu müssen, wiewohl ich sonst jedes Buch, das nur ein nebensächliches Kapitel unserm Dichter widmet, principiell ausgeschlossen habe, was auch Niemand als einen Mangel dieser Brochüre ansehen wird, deren Abschluss sonst unabsehbar gewesen wäre. Ein diesem ähnliches Werk gab Bernhard Hüppe heraus (Lieder und Sprüche der Minnesinger, Münster 1844.), darin Seite 62—136 ausgewählte Walther'sche Gedichte nach Lachmanns Ausgabe mit Worterklärungen etc. Wir haben jedoch noch eine Textausgabe zu erwähnen, und zwar von

6. Simrock, Karl. Walthers von der Vogelweide Gedichte, geordnet und erklärt. Bonn 1870. Markus, in 8°.

Das Interessanteste an dieser Ausgabe ist vor Allem die neue, chronologische Eintheilung nach verschiedenen Tönen; ferner unterscheidet sie sich auch dadurch von den übrigen Waltherausgaben, dass Walther hier zum erstenmale in die Politik unserer Tage mit hereingeschoben wird. Dass sich Simrock mehr an Lachmann (seinen Lehrer), als an Pfeiffer etc. anlehnt, ist allerdings begreiflich. In der Einleitung greift er sogar einmal Pfeiffer an, vermag aber nichts Gewichtiges gegen ihn ins Feld zu schicken, um ihn zu widerlegen. Simrock gab gleichfalls nach Pfeiffers Vorgang Ueberschriften, Einleitungen, Erklärungen, und Anmerkungen finden wir ebenfalls bei Simrock, der uns, offen gestanden, sehr überraschte durch diese unerwartete Waltherausgabe. In seinen Correcturen im Text ist er nicht überall glücklich.

Wie sehr Walther von der Vogelweide bereits überall eingebürgert ist, beweist schon der Umstand, dass wir bereits drei Schulausgaben seiner Gedichte besitzen. Die älteste davon ist von

7. Dr. Schulz, Bernhard. Auswahl aus den Liedern Walthers von der Vogelweide, mit Anmerkungen und Glossar versehen. Leipzig, bei Teubner.

Eine Arbeit ohne allen wissenschaftlichen Werth, und wenn man auch die Auswahl als eine für Schulzwecke passende erklären kann, so ist das Buch doch nicht sonderlich zu empfehlen, namentlich seit wir Prof. Dr. K. Bartsch's treffliche Schulausgabe besitzen.

Die Werthlosigkeit dieser Arbeit wird schon durch ihre Vorgeschichte nachdrücklich documentirt. Das Manuscript kam Herrn Prof. Dr. Müllenhoff in Berlin zu Gesicht, und er verhinderte geradezu dessen Erscheinen im Verlage einer angesehenen Berliner Buchhandlung, „weil (nach seinen Worten) schon eine flüchtige Ansicht mich belehrte, dass ihm (Dr. B. Schulz) selbst die Kenntniss elementarer Dinge der deutschen Grammatik abging."

Ungleich werthvoller, ja geradezu mustergültig ist

8. Bartsch, Karl. Die Gedichte Walthers von der Vogelweide. Schulausgabe mit einem Wörterbuche. Leipzig 1875. Brockhaus, 8° 156 Seiten.

Der Verfasser gab ebenso das Nibelungenlied und die Kudrun etc. heraus für Schulzwecke, und diese Ausgaben gehören zu dem Gediegensten, was die Schulliteratur in dieser Richtung überhaupt aufzuweisen hat. Wir können hier in erster Linie nur von der vorzüglichen Brauchbarkeit des Werkes als Schulbuch reden, da eine nachgewiesene und begründete

Textkritik hier entschieden am unrechten Platze wäre. Bartsch's hervorragende Verdienste um die Textkritik werden an anderen Orten, wenn von seinen diesbezüglichen Arbeiten die Rede sein wird, besprochen. Gleichfalls Schulzwecken dient die Ausgabe von

9. Bechstein, Reinhold. Walthers von der Vogelweide und seiner Schüler ausgewählte Gedichte. Schulausgabe mit Einleitung, Anmerkungen und Wörterbuch. Stuttgart, Cotta 1879, 234 Seiten in 8°.

Uebersetzungen.

Naturgemäss gehen wir nun zu den, nach den Textausgaben bearbeiteten, Uebersetzungen über. Bei der grossen Bedeutung Walthers von der Vogelweide ist es kein Wunder, dass er schon frühe zur Uebersetzung anregte. Dass sich schon der Schlesier Hoffmannswaldau in der Uebersetzung einer Walther'schen Strophe versuchte, haben wir schon auf Seite 13 erwähnt; der älteste unter den Uebersetzern aber, die sich wirklich eingehender mit Walther beschäftigt haben, war Gleim, der schon 1773 („Gedichte nach den Minnesingern") und 1779 verschiedene Gedichte Walthers übertragen hat. Auch die Nachtigall des Göttinger Hainbundes, L. H. C. Hölty, bearbeitete ein Gedicht Walthers (L. 45, 37, Pf. 5), jedoch in sehr süsslicher Weise als „Minnelied". (Siehe Hölty's Gedichte, herausgegeben von K. Halm, Leipzig, Brockhaus, 1870, Seite 97.) Ihnen folgte Ludwig Tieck in seinen „Minneliedern aus dem schwäbischen Zeitalter" (1803). Diese Arbeiten sind indess so ungeniessbar und so voll unmännlicher Empfindsamkeit und Gefühlsduselei, dass sie gar nicht in Betracht kommen können, ebensowenig wie die Uebersetzungen in Gräters Bragur. Leider haben wir aber bis heute noch keine Uebersetzung der Gedichte Walthers, die nur einigermassen die Schönheit des Originals vermuthen liesse Fast möchte man glauben, dass Pfeiffer eine endgültige Wahrheit mit den Worten ausgesprochen: „Mittelhochdeutsche Gedichte auch nur erträglich ins Neuhochdeutsche zu übersetzen, ist ein Ding der Unmöglichkeit: es kann nicht geschehen, ohne dass der schönste Hauch und Duft mit unbarmherziger Hand davon abgestreift wird, und was dann übrig bleibt, ist höchstens ein mattes Abbild des ursprünglichen Werkes". — Zunächst nennen wir, indem wir auch hier chronologisch vorgehen:

1. Simrock, K. Walthers von der Vogelweide Gedichte. (1. Ausgabe 1833, mit werthvollen Anmerkungen von W. Wackernagel, welche in den späteren Ausgaben wegblieben.) 6. Aufl. Leipzig 1876. Hirzel, gr. 16°, 360 Seiten.

Allerdings die beste unter den bisher erschienenen Uebersetzungen. Simrock hatte wenigstens Verständniss für das Original, aber gerade er ist einer von Denen, „die mit unbarmherziger Hand den Hauch und Duft des Originals abstreifen", was um so mehr zu beklagen ist, als es ja gerade Simrock nicht allzuschwer fallen konnte, eine bessere Nachdichtung zu machen. Schade ist es auch, dass Wackernagels treffliche Anmerkungen in den späteren Ausgaben weggeblieben sind.

Mit einer zweiten Uebersetzung beschenkte uns — leider noch weniger entsprechend als die von Simrock —:

2. Koch, Fr. Walthers von der Vogelweide Gedichte, in vier Büchern, nach der Lachmann'schen Ausgabe des Urtextes übersetzt und erläutert. Braunschweig 1848, Schwetschke & Sohn. T. A.

Der Text ist nicht besonders gelungen und die „Erläuterungen" lassen den Leser nur allzuoft im Unklaren.

Das Bedürfniss nach einer guten Uebersetzung war noch immer rege und da folgte denn gar bald die Uebersetzung von

3. Weiske, G. A. Walthers von der Vogelweide Gedichte, nach Lachmanns Ausgabe übersetzt. Halle 1852. Pfeffers Verlag, gr. 16°.

Der Verfasser hatte die heimliche Absicht, Simrocks Uebersetzung zu verdrängen. Wir stimmen ja gerne mit ihm in soferne überein, als auch wir glauben, dass die Simrock'sche Uebersetzung den jetzigen Dichtern noch immer ein reiches Feld, auf welchem sie sich Lorbeern holen können, gelassen — leider aber hat sich Weiske keine Lorbeern geholt, da ihm selbst jedes feinere poetische Gefühl abgeht.

Etwas besser ist

4. Stock, Wilhelm. Buch der Lieder aus der Minnezeit. Münster 1872, gr. 16. Enthält auf Seite: 3, 72, 80, 166, 172, 204, 214, 295, 317, 335, 342, 392, 398 ziemlich gut gelungene Uebersetzungen von Walthers von der Vogelweide hauptsächlichsten Minne- und Kreuzliedern, die den Simrock'schen nicht nachstehen.

Die neueste Uebersetzung der sämmtlichen Gedichte Walthers von der Vogelweide besorgte

5. Pannier, Karl. Walthers von der Vogelweide sämmtliche Gedichte. Aus dem Mittelhochdeutschen übertragen, mit Einleitung und Anmerkungen versehen. Leipzig (1876). Ph. Reclam jun. (Doppelbändchen Nr. 819, 820 der „Universal-Bibliothek"), kl. 8° 178 Seiten.

Es ist immer ein löbliches Unternehmen, eine billige Ausgabe eines **grossen**, edlen Dichters zu veranstalten; aber wenn die Ausgabe nicht gut ist, dann schadet sie womöglich noch mehr, als sie nützt. Panniers Uebersetzung ist **unwissenschaftlich**, und bezeichnet nach Simrock **durchaus keinen Fortschritt** in der Uebersetzung der Gedichte, die grösstentheils **sehr** prosaisch wiedergegeben sind. Hier ist noch zu nennen:

6. Dr. Böse, G. Walthers von der Vogelweide patriotische Dichtungen. An den Faden der Geschichte seiner Tage gereiht. Oldenburg 1876. Bültmann & Gerriets. 8°. 115 Seit. 2. Aufl. 1879.

Eine mit Begeisterung für den Dichter unternommene Arbeit, deren **Genuss** indessen durch einen schwulstigen Styl und manche **sehr** misslungene Uebersetzungen wesentlich beeinträchtigt wird.

Einzelne und zumeist nicht gerade schlecht übersetzte Gedichte und Sprüche **Walthers** finden sich ferner in den zwei Büchelchen von

7. *a*) Ströse, K. Deutsche Minne aus alter Zeit. Ausgewählte Lieder der Minnesänger in neuhochdeutschen Uebersetzungen. Leipzig 1878, bei Ambr. Barth.
8. *b*) — Altes Gold. Die schönsten Sprüche des Mittelalters in neuhochdeutschen Uebersetzungen. Leipzig 1878, bei A. Barth.

Ausserdem sind noch viele Gedichte zerstreut in Anthologien und Gedichtsammlungen erschienen, die aber sehr oft so mittelmässig sind, dass wir dem Leser nur einen Gefallen thun, wenn wir sie verschweigen. Erwähnenswerth sind jedoch noch allenfalls die Uebersetzungen von Max Jähns (circa 25 Lieder und Sprüche, eingestreut in den Aufsatz über unsern Dichter, vgl. Seite 46 d. B.), die nur zu wenig originell gehalten sind, dasselbe gilt von denen J. W. Otto Richters. Sechs der bekanntesten Gedichte Walthers übersetzte auch Herrmann Rollet und ein paar andere: Friedrich Marx, ferner F. Born. Süsslich und fade übersetzte J. v. Hag (Deutscher Sprachwart, Band VII., Nr. 8), und etwas farblos Oeser, Strophen unseres Dichters. Zu den besten Uebersetzungen gehören noch diejenigen von Joh. Schrott (siehe S. 51).

Bei der weltliterarischen Bedeutung Walthers von der Vogelweide ist es eigentlich zu verwundern, dass noch so wenig — und so viel mir bekannt ist, noch nichts Ganzes von ihm, in fremde Sprachen übersetzt ist. Zwei Strophen des reizenden Liedes „Unter der Linde" (L. 39. 11. Pf. 3.) übersetzte schon vor längerer Zeit der grosse dänische Märchendichter H. C. Andersen und nahm es in sein Märchen „Der Lindenbaum" auf. Eine grössere Anzahl englischer Uebersetzungen enthält dagegen das Werk von

9. Kroeger, A. E., „The Minnesinger of Germany. New-York & London 1873. 284 Seiten in 8º.

Das später nochmals genannte Werk enthält, wie soeben erwähnt, eine Reihe zum Theil sehr gelungener Uebersetzungen von Walthers Gedichten und zwar die folgenden:

Pfeiffer	Lachmann.		Pfeiffer	Lachmann	
5. =	45.	37.	59. =	58.	21.
6. =	74.	20.	77. =	100.	24.
9. =	39.	11.	81. =	8.	4.
23. =	118.	24.	155. =	104.	23.
31. =	72.	31.	168. =	87.	1.
34. =	73.	23.	173. =	78.	24.
35. =	97.	34.	188. =	124.	1.
47. =	96.	29.			

Nebenbei bemerken wir, dass Kroeger die angeführten Gedichte fast genau nach Pfeiffers Reihenfolge gibt.

Von französischen Uebersetzungen ganzer Gedichte kennen wir keine anderen als allenfalls die von

10. Spach Louis, in seinem Werke „Le Minnesinger Walther von der Vogelweide". Strassburg 1864. Berger-Levrault. 34 Seiten in 8°.

Enthält eine Anzahl der wichtigsten Gedichte Walthers von der Vogelweide, von dem jüngst verstorbenen Strassburger Archivdirector, Professor L. Spach ins Französische übersetzt. Wie sich jedoch leicht vermuthen lässt, wich er den rhythmischen Schwierigkeiten einer derartigen Uebersetzung einfach aus, und gab daher die Lieder in schlichter Prosa wieder, wodurch sie allerdings verlieren. Im Allgemeinen ist seine Uebersetzung — kleinere Irrthümer abgerechnet — correct, wenn auch stellenweise zu modern.

Louis Spach übersetzte (ausser einigen wenigen Stellen aus unächten Liedern) nachfolgende Gedichte Walthers zum grösseren Theile vollständig:

Lachmann	Pfeiffer		Lachmann	Pfeiffer
8.	4.	= 81.	34. 4.	= 115.
16.	36.	= 102.	34. 14.	= 116.
18.	29.	= 97.	45. 37.	= 5.
19.	5.	= 100.	56. 14.	= 39.
20.	4.	= 99.	65. 33.	= 24.
21.	25.	= 84.	87. 1.	= 168.
28.	1.	= 149.	121. 33.	= 65.
28.	31.	= 150.		

Ausserdem finden sich auch einige Bruchstücke des Leichs (Lachm. 3. 1., Pfeiffer 80) in demselben Aufsatz L. Spach's übersetzt.

Auch in Lange's Buch Seite 53, Nr. 26 finden sich Walther'sche Verse ins Französische übersetzt.

Zur Erklärung und Erläuterung der Gedichte.

Wir haben schon in einem der vorhergehenden Abschnitte die Textausgaben behandelt; jetzt wollen wir — wenn man so sagen darf — die Vorarbeiten und Studien dazu näher betrachten. Wir meinen damit alle Aufsätze die zur Textkritik und zum bessern Verständniss des Textes beigetragen haben, kurz alle kritischen Untersuchungen, welche dieses oder jenes Gedicht Walther's zum Gegenstand haben. Es wäre vielleicht angezeigt gewesen, diese Aufsätze nach der Chronologie der Gedichte, welchen die Untersuchungen gewidmet sind, hier einzureihen, wir zogen jedoch eine alphabetische Reihenfolge einestheils schon desshalb vor, weil jede der vorhandenen Text-Ausgaben eine andere Ordnung einhält, und weil es andertheils auch übersichtlicher sein dürfte.

Wir beginnen also mit

1. Dr. Abel Otto (in Bonn). Ueber die Zeit einiger Gedichte Walthers von der Vogelweide. M. Haupts Zeitschrift für deutsches Alterthum. IX. Band. (1853). Seite 138—144.

Abel beschäftigt sich hier vornehmlich mit drei Gedichten Walther's, die entweder bisher gar nicht oder falsch bestimmt waren. Das Erste ist: „*Ich sah mit mînen ougen manne und wîbe tougen*" (Lachm. 5. 9.), welches Lachmann, Simrock und Wackernagel ins Jahr 1203 gesetzt hatten. Abel setzt dafür das Jahr 1201 an, und begründet mit gewichtigen Umständen seine Annahme. Das zweite Gedicht, das Lachmann ganz unbestimmt und Wackernagel um 20 Jahre zu spät angegeben hatte, ist: „*Nû wachet! uns gêt zuo der tac*" (Lachm. S. 21). Abel setzt dasselbe ins Jahr 1207. Das Dritte ist: „*Künc Constantin der gap sô vil*" (Lachm. S. 25), für dessen Entstehungszeit der Verfasser die Jahre 1213 oder 1214 ansetzt. Der Artikel ist gründlich und scheint das Richtige getroffen zu haben. —

2. Bartsch, Karl. Zu Walthers Liedern. — Pfeiffers Germania, VI. Band, (1861), Seite 187—214. (Auch als Sonder-Abdruck aus der Germania in Wien 1861, bei Jakob und Holzhausen erschienen. 30 Seiten in gr. 8.)

Vorschlag zu einigen dringenden Verbesserungen des Walthertextes. Zunächst stellt Bartsch den Bau des Leichs im Ganzen wieder her und beweist seine Aufstellungen durch bekannte Regeln und beschäftigt sich sodann mit einzelnen Stellen dieses Gedichtes. Darauf beschäftigt er sich mit einer grösseren Anzahl dunkler oder zweifelhafter Stellen, oder auch mit solchen, die bei Lachmann fehlerhaft angegeben sind. Ein trefflicher Aufsatz, der seine Wirkung auch nicht verfehlt hat. Sogar Wilmanns nahm Vieles daraus, aber es scheint, er hielt es mit der Würde eines Lachmannianers unvereinbar, Pfeiffer oder Bartsch etc. etwas zu verdanken, und so verschwieg er denn einfach die Quellen, aus denen er geschöpft hatte.

Schon im II. Bande der „Germania" besprach derselbe Verfasser die metrische Form des vielbesprochenen Tagliedes, das er hier (im VI. Band) als ganz bestimmt nicht von Walther herrührend erklärt. Nebenbei sei auch Prof. Bartsch's Hinweis auf die Thatsache, dass Walther den Alexandriner, resp. die epische Langzeile nachgebildet hat (Germ. B. II, Seite 279) hier erwähnt.

3. Prof. Dr. Bechstein, Reinhold. Eine Conjectur zu Walther. Pfeiffers „Germania", XII. Band. Seite 475.

Eine sehr geistreiche und scharfsinnige Conjectur zu Walthers Gedicht an Kaiser Otto:

„Nu sol der keiser hêre
fürbrechen durch sîn êre
des lautgrâven missetât.

So gab Lachmann diese Stelle, aber was diess „fürbrechen" heissen soll, liess er unerörtert, ebenso wie die meisten Andern, die mit diesem nur hier vorkommenden Worte zu thun hatten. Es ist offenbar, dass wir hier einen gräulichen **orthographischen Fehler** vor uns haben, und Bechstein brachte durch Schriftproben heraus, dass das Wort wahrscheinlich *vergezzen* heissen sollte. Simrock nahm diese Conjectur in seiner 1870 veranstalteten Ausgabe bereits auf. — Mir selbst jedoch will es noch einfacher erscheinen, und auch dem Sinn noch besser entsprechend, das Wort *„vergeben"* an die Stelle zu setzen, da man nach meiner Ansicht ein b für ein h noch leichter ansehen kann, als ein (handschriftl.) z für h. — (H. Paul (in Paul und Braunes Beitr. B. II. S. 553) will „verbrechen", was mir dem Sinne nach nicht viel besser dünkt als fürbrechen, wenn auch grammatikalisch verbrechen richtiger ist.

4. Prof. Bechstein, Reinhold. Zu Walthers Vocalspiel. Pfeiffer-Bartsch's „Germania", XV. Band (1870). Seite 434—448.

Ein gediegener Aufsatz mit eingehenden Untersuchungen, und zugleich ein schätzenswerther Beitrag zur Exegese der Walther'schen Dichtungen.

5. Bezzenberger, H. E. Zu Walther von der Vogelweide. Zachers Zeitschrift für deutsche Philologie. VI. Band. Seite 33—37.

Der Verfasser schlägt in diesem Aufsatz vor, Walthers bekannten Vers „*ich han gemerket von der Sône unz die Muore*" (Lachmann 31. 13.) anstatt „*ich han gemerket von der Seine* etc." zu lesen, und bringt manchen guten Grund vor, welcher seine Lesart in der That als die richtigere erscheinen lässt.

6. Falch. Wer sind die „heimischen Fürsten" in dem Spruche Walthers von der Vogelweide „*sie frâgent mich vil dicke*" etc.? Blätter für das bayerische Gymnasialschulwesen, XI. Band (1875) 5. Heft. Seite 214—217.

Der Verfasser untersucht nochmals, in welche Zeit dieses Gedicht zu setzen sei, und gelangt schliesslich zu dem Resultate, dass absolut nur die fränkischen Herren unter den heimischen Fürsten gemeint sein könnten. Der Artikel ist mit Sachkenntniss geschrieben, aber es ist fraglich, ob nicht doch etwas bayrischer Patriotismus dabei sein Spiel treibt, wenn Falch so erbost ist, dass die Tyroler gar so eifrig für die Annahme, Walthers Heimath sei bei ihnen zu suchen, Propaganda machen.

7. Falch. „*Owê war sint verswunden alliu mîniu jâr*" (Nr. 188), der Schwanengesang, nicht das Heimathlied Walthers. Blätter für das bayerische Gymnasialschulwesen. XI. Band (1875), 10. Heft. Seite 440—443.

Der Verfasser, dem es besonders darum zu thun ist, die Hypothese von Walthers Tyroler Heimath zu entkräften, setzt seinen Scharfsinn daran, nachzuweisen, dass das oben angeführte Lied durchaus nicht bei Gelegenheit seiner Rückkehr in die Heimath gesungen worden sei, sondern lediglich als Walthers Schwanengesang angesehen werden müsse. Er sucht dies auch durch historische Gründe zu beweisen, und negirt schliesslich ebenso bestimmt, wie alles Andere, auch die Annahme, dass Walther an einem Kreuzzuge theilgenommen. Zum Schlusse gesteht der Verfasser ein, dass über Walthers Heimath auch dieser Spruch keine positive Aussage gibt, und bedauert zugleich, dass demgemäss die Untersuchungen über Walthers Heimath noch immer negative sind. Dieses letztere gestehen wir gerne zu, wenn wir auch sagen müssen, dass Falch's Gründe **gegen** die Tyroler Heimath auch nicht gewichtiger sind, als die Gründe dafür.

8. **Fasching, Joseph.** Beiträge zur Erklärung der religiösen Dichtungen Walthers von der Vogelweide. Pfeiffers Germania, XXII. Band (1877), Seite 429—437. Schluss davon Germania, XXIII. Band (1878), Seite 34—46.

Ein gründlicher und entschieden dankenswerther Versuch, Walthers **religiöse** Dichtung vom Standpunkte kirchlicher Anschauung und altkirchlicher Dichtkunst zu beurtheilen.

9. **Dr. Fiedler, K.** Zu Walther von der Vogelweide. (II. Ottenton.) Programm des Colberger Domgymnasiums für das Jahr 1873. 16 Seiten in 4.

Eine sachkundige, gelehrte Untersuchung über die bei Lachmann 13—36 zusammengestellten Sprüche, die Simrock unter dem Titel des II. Ottentons zusammenfasst, namentlich in Bezug auf den Versbau und die Deutung dunkler Stellen. Fiedler erweitert oder präcisirt die diesbezüglichen Untersuchungen Wilmanns und Anderer. — Im Ganzen also eine absolut dankenswerthe, tüchtige Arbeit.

10. Grimm, Wilhelm. Zu Walther von der Vogelweide. M. Haupts Zeitschrift für deutsches Alterthum. V. Band (1845), Seite 381—384.

Ein hübscher Aufsatz, der sich aber eigentlich mehr mit der „Kunstgeschichte des Kreuzes" befasst, als mit Walther, immerhin aber viel zur Beleuchtung der Worte: „*wol dir sper kriuz unde dorn!*" (Lachmann 15. 18.) und anderer Stellen beiträgt, und als kunsthistorische Studie von entschiedenem Werthe ist.

11. Haupt, Moriz. Aehrenlese. Haupts Zeitschrift, XV. Band, Seite 246.

In dieser Aehrenlese begegnen wir mehrfach unserm Walther; u. A. weist er (sub 2) nach, dass aus einer Waltherschen Redensart (48. 11.) vom Verfasser des Titurel ein scherzhafter Name gebildet worden ist. Ferner (auf Seite 263, sub 43.) erwähnt Haupt, dass Heinrich von Türlein (16289) Walthers seltenen Ausruf „*al die werlt*" (L. 28, 31. Pf. 150) einmal gebraucht etc.

12. Hoefer, A. Zur Erklärung mittelhochdeutscher Dichter; I. zu Walther von der Vogelweide. 46, 30. (ed. Lachmann.) Pfeiffer-Bartsch, Germania XIV. Band (1869).

Ein wohl gelungener Versuch, die Waltherschen Verse: „*her Meie, er müeset merze sîn, ê ich mîn frouwen dâ verlür*" zu erklären und auszulegen.

13. Karajan, Th. G. von. Ueber zwei Gedichte Walthers von der Vogelweide. Ein akademischer Vortrag. Sitzungsberichte der kais. Akademie der Wissenschaften, hist.-philolog. Classe. Band VII. Heft III, Seite CCCLIX bis CCCLXXXII. Ein Separatabdruck erschien 1851 in Commission bei W. Braumüller in Wien. 26 Seiten in gr. 8°.

Die beiden Gedichte sind: *Selbwahsen kint, du bist ze krump*" etc. und „*Liupolt úz Osterriche, lâ mich bî den Liuten*" etc., welche Karajan in Verbindung zu bringen sucht, um die Wahrscheinlichkeit nachzuweisen, dass Walther von der Vogelweide von Herzog Leopold zum Erzieher eines seiner beiden Söhne Heinrich und Friedrich bestellt worden war. (Diese geistreich vorgetragene Hypothese bekämpfte Daffis (s. dessen Schrift, Seite 57) wenn auch nicht mit unbedingtem Erfolge. — Seinen Ansichten über diese beiden Gedichte schickte Karajan von Seite 4—13 ein kurzes „Gesammtergebniss der Gedichte Walthers in Bezug auf dessen Leben" voran, das entschieden mit feinem Geiste und grosser Gelehrsamkeit abgefasst ist.

14. **Kläden, C.** Zur Erklärung zweier Stellen in den Gedichten Walthers von der Vogelweide. In F. H. v. d. Hagen's „**Germania**". Neues Jahrb. d. Berl. Gesellsch. für deutsche Spr. u. Alterthumskunde. Berlin 1844, bei H. Schultze. Band VI, Seite 238—243.

Versuch einer Widerlegung eines Ausspruches von Wilhelm Grimm in dessen Abhandlung über die Sage vom Ursprung der Christusbilder. (S. 44.) Die beiden Stellen die dem Verfasser dazu dienen sind: „*hie liess er sich reine toufen*" bis „*wê dir heiden! deist dir zorn, und sîn lip wart mit scharpfen dornen gar verséret.*"

15. **Liebrecht, Fel.** Kleine Mittheilungen. I. Zu **Walther von der Vogelweide.** Pfeiffer's „Germania. 1. Band. (1856.) Seite 475—477.

Ein nicht uninteressanter Versuch, zu Walthers Versen:
„dô greif ich, als eine tôre tuot,
zer vinstern hant reht in die gluot."

die Grundlage einer **jüdischen Sage** nachzuweisen.

16. Nagele, Anton. Zur Chronologie der Sprüche Walthers von der Vogelweide. Pfeiffer-Bartsch Germania, XXIV. (1879) Band, I. Seite 151 bis 256, II. S. 298—310.

In I. untersucht der Verfasser nochmals die Gründe, welche bisher die Forscher bei den Zeitbestimmungen Walther'scher Sprüche geleitet, und findet sie zumeist nicht stichhaltig, und kommt schliesslich zu dem Resultate, dass der erste Abschnitt von Walthers Spruchdichtung sich folgendermassen chronologisch anordnen lasse: der Wiener Hofton währte vom Herbst 1198 bis zum Herbst 1199; der erste Philippston von Weihnachten 1199 bis etwa zum Herbst 1200 und der Reichston von da an bis zum Herbst 1201. In II. setzt er seine Untersuchungen fort und führt den Beweis, dass Walther alle seine auf den Wiener Hof und Leopold bezüglichen Sprüche entweder zu Wien in der Zeit bis zum Jahre 1199 gemacht haben muss, und wenn schon Eines oder das Andere nach dieser Zeit, gewiss ferne von Wien. — Diese Arbeit Nagele's, die ebenso zum besseren Verständniss der betr. Sprüche beiträgt, als zur genaueren Fixirung einzelner Momente aus Walthers Leben, hätte daher auch in dem Abschnitte, der Walthers Leben behandelt, ihren Platz finden können.

Mehr für das grössere Publikum ist berechnet der hübsch geschriebene Aufsatz von

17. Nagele, Anton. Ein Weihnachtslied von Walther von der Vogelweide. Europa 1878. Nr. 52.

18. Dr. Oppel, J. O. (ordentl. Lehrer an der lateinischen Hauptschule des Waisenhauses zu Halle a. d. S.) *Min guter klôsenaere.* Ein Erklärungsversuch. Mützell's Zeitschrift für Gymnasialwesen. XIII. 11. Ein Separatabdruck davon erschien 1860 in Halle im Verlag der Buchhandlung des Waisenhauses. 40 Seiten in gr. 8.

Ein interessanter und gut begründeter Erklärungsversuch des „*klôsenaere*". Oppel vermuthet in diesem klôsenaere, nachdem er die Annahme, dass dieser gar keine bestimmte Persönlichkeit bezeichne, widerlegt und zurückweist, den Bischof Konrad von Halberstadt, der bekanntlich später Mönch in Sichem (Sittichenbach) wurde, — und in der That scheint auf diesen (was auch Karl Bartsch gelegentlich besonders betonte) Alles zu passen, was Walther von der Vogelweide von seinem „*guoten klôsenaere*" sagt. *)

19. Paul, Hermann. Kritische Beiträge zu den Minnesingern. — 11. Walther von der Vogelweide. H. Paul und W. Braune's Beiträge zur Geschichte der deutschen Sprache und Literatur. II. Band. 1877. Halle, Lippert'sche Buchh. (Max Niemeyer.) Seite 550—553.

Ein werthvoller Beitrag zur Textkritik Walthers. Paul untersucht die Stellen (nach Lachmanns Ausg.) 10, 1. 23, 31. 47, 27—28. 55, 35—37. 61, 22. 71, 19 ff. 76. 11, 105, 14 und 70, 22 und 24, und es gelingt ihm auch mehrfach, das Richtige zu treffen.

20. Paul, H. Zu Walther von der Vogelweide. Paul und Braune's Beiträge. V. Band, Seite 447—448.

Enthält weitere Beiträge zur Textkritik Walthers. Vornehmlich befasst sich der Autor mit den Stellen: L. 31, 13—36, 10. 32, 6. 32, 16. 32, 34. 32, 36. 33, 20. 34, 3. 34, 14. 35, 26. 36, 10. etc.

21. Pfeiffer, Franz. Zu einem Spruche Walthers. Pfeiffers „Germania". VI. Band. (1861). Seite 365—368.

---

*) Nebenbei will ich hier einen kleinen Irrthum Oppel's erwähnen. Auf Seite 36 will er eine Zeitbestimmung Abel's (in Haupt's Zeitschr. IX. Bd.) corrigiren, citirt aber falsch, da Abel nicht das hier von Oppel angefochtene Jahr 1198, sondern 1201 angesetzt hat.

Eine scharfsinnige Correctur einer verfehlten Emendation Lachmann's in dem bekannten Spruche Walthers:

„Selbwahsen kint, dû bist ze krump" etc.

Namentlich die letzte Zeile war bei Lachmann nicht ganz in Ordnung. Pfeiffer weist nach, dass die einzige Handschrift (3. C.) den Wortlaut anders angibt, und auch für diesen schlägt er eine feine Correctur vor, und stellte somit den Vers wieder her, dessen bis dahin ziemlich unverständlicher Sinn namentlich von den Uebersetzern Weiske und Simrock haarsträubend missverstanden, oder vielmehr gar nicht verstanden, und um das zu verbergen, mit ganz unterschobenem Sinne wiedergegeben wurde.

22. Schade, O. Der Leich Walthers von der Vogelweide. Wissenschaftliche Monatsblätter. Herausgegeben von Dr. Oskar Schade. III. Band. (1875). Nr. 2, Seite 29—32.

Der Verfasser, der die Untersuchungen über den Leich Walthers durch Bartsch u. A. noch nicht für abgeschlossen hält, und der Wilmanns diessbezügliche Bemerkungen geradezu für unverständlich erklärt, unternahm es auf Grund seiner eigenen eingehenden Untersuchungen, denselben wiederherzustellen, und lässt ihn nach seiner Recension hier folgen, indem er Unechtes ausscheidet und die Reihenfolge der Strophen besser anordnet, so dass (nach seinen Worten) der Leich Walthers in wahrhaft symmetrischer Gliederung als ein architektonisches Kunstwerk erscheint.

23. Schade, O. Zu Walther's Liede „Unter der Linde." Wissenschaftliche Monatsblätter, herausgegeben von Dr. Oskar Schade, (Prof. an der Univ. in Königsberg). Königsberg bei Hartung. III. Jahrg. Nr. 7 (1875), Seite 107 bis 112.

Ein hübscher und geistreicher Aufsatz des gelehrten Herausgebers der „Wissensch. Monatsblätter." Er betrachtet das berühmte Lied zuerst vom moralischen und ästhetischen Standpunkte, und nachdem er pedantische und prüde Einwände zurückgewiesen, geht er zur eigentlichen Untersuchung über, und stellt den Strophenbau des Liedes her. Er erwähnt zuerst die dreitheilig aufgebaute Strophe, nimmt den Dichter gegen eine ungerechte Kritik, die ihm Fehler vorwirft, in Schutz, und beweist dann, dass der Rhythmus des Liedes einfach nicht verstanden worden sei. Ueber die Entstehungszeit des Liedes lässt sich der Verfasser dahin aus, dass er es gleich Pfeiffer und Simrock etc. in die Jugend Walthers gesetzt sehen will, was er schon namentlich durch die alterthümlichen Rhythmen, abgesehen vom Inhalte des Liedes, begründet.

24. Schade, O. Zu Walther von der Vogelweide. (*Wól mich der stunde* etc.) Wissenschaftliche Monatsblätter, herausgegeben von Dr. Oskar Schade, III. Jahrgang (1875), Nr. 8, Seite 126 bis 127.

Eine interessante Untersuchung zum Zwecke der jambischen Wiederherstellung der beiden „Körner": „*daz ich von ir gescheiden niht enkan*" und „*swaz ich zer werlde fröide ie gewan*". Zum Beweis und zur weiteren Prüfung der Richtigkeit seiner Ansicht setzte der Verfasser an dem Schlusse seines Aufsatzes die beiden Strophen Walthers („*Wól mich der stúnde daz ich sie erkánde*", und „*Ich hán den múot und die sinne gewendet*") nach seiner Auffassung.

25. Seebode. Kritische Bibliothek für das Schulwesen. Band I. 1828.

Enthält auf Seite 46 Muthmassungen über Walther von der Vogelweide's Klausner (*klôsenaere*).

Der Verfasser lehnt die Möglichkeit ab, in dem Klausner nur ein Phantasiegebilde zu sehen, und meint, man müsse unter Walthers Zeitgenossen Einen suchen, auf den Alles passt, was Walther über den Klausner sagte. Schliesslich verfällt Seebode sogar auf „Gualtherus von Mapes", den lustigen Zecher *) und schlägt vor vielleicht d i e s e n als den Klausner anzusehen. Wir bezweifeln aber, dass ihm Viele beipflichten werden.

26. P r o f. D r. Thurnwald, A. Zur Spruchdichtung Walthers von der Vogelweide. (Walther am Hof zu Wien, bei König Philipp und und dem Landgrafen Hermann in Thüringen). Vierzehnter Jahresbericht der Wiedner Kommunal-Oberrealschule in Wien für den Jahrgang 1869. 25 Seiten in 4⁰.

Eine fleissige Arbeit, die Walthers politische Stellung klar beleuchtet, und die Berechtigung der politischen Dichtung überhaupt auch vom Standpunkte der Aesthetik etc. verficht.

27. W a c k e r n e l l, J. E. Zur chronologischen Bestimmung des VI. und VII. Buches von Wolframs Parcival und W a l t h e r s A u f e n t h a l t in Thüringen. Germania, XXII. Band, Seite 280—284.

In diesem Aufsatz bemüht sich Wackernell nachzuweisen, dass u. A. Walthers Aufenthalt in Thüringen nicht erst n a c h dem Sommer 1204, sondern bereits im November oder December 1203 anzusetzen sei, und seine Ausführungen scheinen, namentlich da man nun auch Wolfgers von Ellen-

---

*) Verfasser des berühmten lateinischen Trinkliedes: „M i h i e s t p r o p o s i t u m, in t a b e r n a m o r i." (Eine sehr gelungene Uebersetzung davon voll übersprudelndem Humor verdanken wir G o t t f r i e d v o n L e i n b u r g, (abgedruckt im „S c h m o l l i s", hrsg. v. Mansfelder, II. Band [4 Heft]).

brechtskirchen Reiserechnungen (herausgegeben von Zingerle, siehe unten) mit in Betracht ziehen kann, thatsächlich des guten Grundes nicht zu entbehren.

28. Weiske, G. A. Die Minneverhältnisse Walthers von der Vogelweide. Weimarer Jahrb. (I. Bd.) Seite 357—374.

Weiske stellt in diesem Aufsatz die durch Nichts zu begründende Behauptung auf, dass Walthers Liebeslieder lediglich an zwei Personen, und zwar an ein Mädchen niederen Standes und an eine sehr vornehme Frau gerichtet seien — eine Behauptung, die um so unhaltbarer erscheinen muss, wenn man Walthers unstätes Leben ins Auge fasst, da er ja fast sein ganzes Leben hindurch von Ort zu Ort, und von einem Fürstenhof zum andern zog. Um seine Theorie zu beweisen, schlägt Weiske eine neue Anordnung der Liebeslieder vor, die Wackernagel und Rieger in ihrer Waltherausgabe thatsächlich befolgten.

29. Wilmanns, W. Zu Walther von der Vogelweide. Haupts Zeitschrift für deutsches Alterthum, XIII. Band. 1867. Berlin. Weidmann. Seite 217—288.

Der Verfasser, dessen später erschienene Waltherausgabe wir schon Seite 18 erwähnten, veröffentlichte hier einige seiner eingehenden Vorstudien, und zwar: I. Ueber das gegenseitige Verhältniss der Handschriften (Seite 217—114); II. Wie bildeten sich die grösseren Sammlungen? (Seite 224 bis 229); III. Ueber die abweichende Strophenfolge in den Liedern Walthers (Seite 229—249); IV. Zur Chronologie der Gedichte Walthers von der Vogelweide (in 2 Abtheilungen a, b, nebst zwei Unterabtheilungen 1 u. 2 [Seite 249—286]). Den Schluss bildet ein Anhang (Seite 286—288), in welchem noch über einige, vorher absichtlich übergangene, Lieder gehandelt wird. — Die Untersuchungen sind schon deshalb noch bemerkenswerth, obwohl Wilmanns die Resultate derselben auch in seiner Waltherausgabe niedergelegt, weil sie doch mehrfach mit der Ausgabe nicht übereinstimmen, und in vieler Beziehung sicherer sind, als die Ausgabe. Im Ganzen ist der Aufsatz sehr gediegen zu nennen, auch wenn man auch nicht überall des Verfassers Standpunkt ohneweiters theilt.

30. Zarncke, F. Zu Walthers Elegie. Paul und Braunes Beiträge zur Geschichte der deutschen Sprache und Literatur, II. (1876), 574—576. Halle a. S., Lippertsche Buchhandlung (Max Niemeyer).

Der Verfasser beschäftigt sich mit der Frage ob Walthers Lied „*Owê, war sint verswunden alliu miniu jâr*" etc., das Wilmanns treffend dessen „Elegie" nennt, thatsächlich Walthers Heimatlied sei, und verneint diese Frage. Zarncke gibt zu, dass allerdings mehrere Verse (von „*und ist mir unbekant*" bis „*der mich ê kande wol*") ganz dazu angethan seien, das Gedicht als Heimatlied aufzufassen, die vorhergehenden und nachfolgenden Verse jedoch machen es ihm unmöglich, dieser Auffassung beizupflichten. Schliesslich untersucht er noch das in diesem Liede (Vers 4) vorkommende und nicht recht klare Wort *darnâch* und findet in einer anderen Interpunction, als der bisher angenommenen, die Lösung des Räthsels.

31. Zettel, Karl. Der Liebes- und Frauengesang Walthers von der Vogelweide. Deutsche Monatsblätter. Centralorgan für das literarische Leben der Gegenwart. Herausgegeben von Heinrich Hart und Julius Hart. I. Band, IV. Heft (Juli 1878). Bremen, Küthmanns Verlag. Seite 389 bis 401.

Ein schönwissenschaftlicher Aufsatz, — das ist
Alles, was wir darüber sagen können. Das Ganze
ist mit journalistischem Geschick angeordnet, beleuchtet jedoch auch nicht eine neue Seite der
Waltherforschung.

32. Zingerle, J. V. *Frô bône*. Pfeiffer-Bartsch's
Germania, XXI. Band (1876), Seite 47.

Eine genauere Feststellung der Bedeutung des
Wortes „bône" in Walthers bekanntem Liede
(Lachmann 17, 25), da man dieses Wort gewöhnlich
einfach mit unserm hochdeutschen „Bohne" übersetzt
hat. Da aber Walthers darauffolgende Worte auf
unsere Bohne gar nicht passen, macht der tüchtige
Gelehrte darauf aufmerksam, dass darunter speciell
die sogenannte „Saubohne" (Faba major, vicia faba L.)
zu verstehen sei, da man unsere gemeine Bohne
(phaseolus vulgaris) noch bis ins 16. Jahrhundert
hinein nur Fasel oder Faesel nannte.

Zu den erläuternden Schriften gehört auch noch:

33. Martin. Grammatik und Glossar zu der Nibelunge Noth und zu Walther von der Vogelweide. Berlin 1867. Weidmann'sche Buchhandl.

Ein treffliches Schulbuch, — wenn auch auf
Walther hier, wie begreiflich, nicht so hauptsächliche
Rücksicht genommen werden konnte, wie wir es
wünschten. Ferner:

34. Hornig, C. August. Glossarium zu den Gedichten Walthers von der Vogelweide, nebst einem Reimverzeichniss. Quedlinburg 1844, bei Ludw. J. Franke. 429 Seiten in 8°.

Eine ebenso tüchtige, als fleissige Arbeit, der
Benecke's Wörterbuch zum Iwein als Muster diente.
Hornig leistete mehr, als man bei dem damaligen
Standpunkte der Waltherforschung erwarten konnte;
denn, trotz der bedeutenden Fortschritte in der Text-

kritik unseres Dichters, ist das Buch heute noch ziemlich gut brauchbar, namentlich für die Besitzer der Lachmann'schen Ausgabe, zu und nach welcher es ja vornehmlich bearbeitet wurde.

Ueber Walthers Leben und Dichten im Allgemeinen.

> „Das Leben erzog ihn, aus dem Leben sang er, nicht Minne, nur Vaterlandsliebe beseelte meistens seine Lieder, teutscher war kein Sänger."
> *König Ludwig I. von Bayern.*

Da es in vielen Fällen zweifelhaft war, ob man eine oder die andere Abhandlung entweder unter der Rubrik „**Walthers Standpunkt als Mensch und Dichter**" oder „**Walthers Leben**" — oder gar unter den die Gedichte erklärenden Schriften bringen solle, da sie sowohl da- als dorthin passten, so theilten wir den Abschnitt, der ursprünglich für Walthers Leben überhaupt bestimmt war, in zwei Theile, von welchen der Eine Walthers Leben im Besonderen, der Andere aber im Allgemeinen behandelt. In diesem letztgenannten Abschnitte finden sich nun alle Aufsätze, die sowohl das Leben, als das Dichten Walthers von der Vogelweide einer Untersuchung unterziehen, da und dort erklären, Uebersetzungen etc. enthalten. Trotzdem aber verwies ich bei wichtigeren Sachen auch an anderen Orten auf die hier angeführten Schriften.

In diesen Abschnitt gehören wohl auch die Arbeiten von O. Abel, Fiedler, Karajan, Nagele, Oppel, Seebode, Thurnwald, Wackernell und selbst Weiske. — da sie alle auch Einzelheiten aus der Geschichte von Walthers Leben und seiner Zeit behandeln, die wir aber aus verschiedenen Gründen an anderer Stelle anführen, wo sie der freundliche Leser nachschlagen wolle.

Wir haben auch diesmal die hiehergehörigen Schriften nach der Zeitfolge ihres Erscheinens geordnet und beginnen demgemäss mit

1. Hagen, Friedr. Heinrich von der. Herr Walther von der Vogelweide. (In dessen Minnesinger. Leipzig 1838. Band IV, Seite 160—190, an 45. Stelle.) (Vgl. über das Werk noch S. 8.)

Eine sehr fleissige Arbeit über Walthers Leben und Dichten, die mit genauer Kenntniss der damals bekannten Literatur zusammengestellt ist, und zum bessern Verständniss der Lieder Walthers in Hagens Ausgabe dienen soll. (Walther kommt in Hagens Minnesingern B. I. S. 222, B. II. S. 3, B. III. S. 451, 468 c, 468 dd, B. IV. S. 757, 872, also im Ganzen circa siebenmal vor, was wir hier beiläufig erwähnen wollen, da wir an anderer Stelle nur angaben, wo Walthers Gedichte in diesem Werke zu finden seien.

2. Hoffmann, J. L. Leben und Dichten Walthers von der Vogelweide. Album des literarischen Vereins in Nürnberg für 1848. Nürnberg bei Bauer und Raspe. (in 8.) Seite 1—61.

„Gut geschrieben und die Resultate der damaligen Forschung in ein hübsches Gesammtbild zusammenfassend." Mit diesen Worten charakterisirt Prof. Dr. Karl Bartsch Hoffmanns Arbeit. Der Verfasser führt Walthers Gedichte im Original an, und gibt unter dem Texte Worterklärungen, ein System, das wir eigentlich bei Allen derartigen, für weitere Kreise bestimmten Aufsätzen wünschten, denn Nichts kann unserem Dichter mehr in den Augen des Publikums schaden, als die vielen schlechten Uebersetzungen.

Ein wenig bedeutender Aufsatz über

3. **Walther von der Vogelweide** erschien in der Europa, 1863, Nr. 19.

Verdienstvoller ist entschieden die folgende Arbeit eines Elsässers, der zwar deutsch fühlte, aber hauptsächlich französisch schrieb; — verdienstvoller schon desshalb, weil er unseren französischen Nachbarn, die gar so stolz auf ihre Troubadours sind, bewies, dass auch wir zu ebenderselben Zeit ganz ausgezeichnete, grosse Dichter hatten. Der Verfasser ist der vor kurzer Zeit im 80. Jahre verstorbene Archivdirector und Honorarprofessor an der Strassburger Universität

4. **Spach, L.** Das erwähnte Werk führt den Titel: Le Minnesinger: Walther von der Vogelweide. (1190—1240.) (Extrait du Bulletin de la société lit. de Strassbourg.) **Strassbourg 1864.** Impr. de veuve Berger-Levrault. 34 Seiten in 8. Dieser Aufsatz findet sich ferner abgedruckt in den „**Oeuvres choisies de Louis Spach**" und zwar im 4. Band, enthaltend „Mélanges de Literature" Seite 236—266.

Auch diese Abhandlung erhebt sich nicht über das Gewöhnliche, trotzdem sind wir dem tüchtigen Elsässer Schriftsteller Dank schuldig, dass er mit dem vorliegenden Aufsatz für unsern grössten mittelhochdeutschen Dichter auch in Frankreich Propaganda macht, was dadurch um so wirksamer geschieht, dass er eine grössere Anzahl **Proben** aus Walthers Gedichten, wenn auch leider nur in Prosa, übersetzt. Spach kennt die einschlägige Literatur, und verstand es, den vorliegenden Artikel **mit Geist** zusammenzustellen, in welchem Leben und Dichten Walthers von der Vogelweide anschaulich geschildert wird. — Uebrigens erwähnten wir Spach's Arbeit schon auf Seite 27 dieser Schrift.

5. **Bechstein, Reinhold.** Die neuesten Forschungen über Walther von der Vogelweide. Blätter für literarische Unterhaltung 1864. Nr. 5.

Dieser Aufsatz kann uns hier nicht beschäftigen, da er nur eine Anzahl kurzer Bücheranzeigen enthält. Dass wir ihn überhaupt erwähnten, ist dem Umstande zuzuschreiben, dass er, wahrscheinlich irrthümlicherweise, irgendwo einmal als „Quelle" citirt worden, und dass in Folge davon Jemand diese Schrift lückenhaft bezeichnen könnte, wenn ein Aufsatz dieses bekannten Germanisten fehlte.

6. **Wackernagel, Wilhelm.** Walther von der Vogelweide, Separat-Abdruck aus Herzogs Real-Encyklopädie für protestantische Theologie. (XXI. Band, Seite 467—480) und neuerdings im II. Bande von W. Wackernagels kleineren Schriften (Abhandlungen) 1873, abgedruckt.

Ein interessanter, wenn auch leider ziemlich kurzer Aufsatz; wiewohl wir den letzteren Umstand dem bedeutenden Germanisten nicht zum Vorwurfe machen wollen, da wir sehr wohl wissen, dass diese Kürze durch die Veranlassung geboten war. Wackernagel vertritt hier wieder seine schon anderen Orts niedergelegten Ansichten; besonders bemerkenswerth ist nur der Umstand, dass er sich — vielleicht als der einzige unter den wirklich gründlichen Kennern Walthers — offen zu Wilhelm Grimms Hypothese, dass Walther von der Vogelweide der Dichter des Freidank sein müsse, bekennt.

7. **Jähns, Max.** Walther von der Vogelweide. Preussische Jahrbücher. Herausgegeben von H. v. Treitschke und W. Wehrenpfennig. (Berlin, bei G. Reimer.) XX. Band, Seite 233 bis 268. (September 1867.)

Eine, die Resultate der Forschungen Anderer in leichtem Style erzählende Schilderung des Lebens

Walthers und seiner Dichtungen, von denen eine grössere Anzahl in der neuhochdentschen Uebersetzung des Verfassers in den Text eingestreut mitgetheilt wird. Der Aufsatz ist anregend und unterhaltend geschrieben, enthält aber weder eigene Untersuchungen, noch fusst er auf eingehenden Specialstudien, und dient demnach nur für die sogen. „weitere Kreise".

8. Lucae, Karl. Leben und Dichten Walthers von der Vogelweide in seinen Grundzügen geschildert. Halle, 1867. Buchhandlung des Waisenhauses. 36 Seiten in 8.

Diese Arbeit, die einem Vortrage ihre Entstehung verdankt, gehört leider auch zu jenen Erscheinungen der Waltherliteratur, die ungedruckt keine Lücke in derselben bilden würden. Der Verfasser fusst überall auf Lachmann, ohne Neues zu bringen, und wenn er schon etwas aufzustellen versucht, so ist es ohne jede überzeugende Schärfe. Dabei frappirt manchmal die durch Nichts begründete Sicherheit, mit welcher er Zweifelhaftes angibt. Als Vortrag mag das Ganze gewirkt haben, aber gedruckt fordert es die Kritik, deren Lupe es nicht wohl verträgt, heraus.

9. Prof. Frühe, F. X. Zwei Vorlesungen über Walther von der Vogelweide. Beilage zum Programm des Lyceums in Constanz 1867. 58. Seiten in 8.

Belehrend und anregend geschrieben, wenn auch nicht durch selbstständige Forschungen hervorragend.

10. C. H. v. Einer vom Wartburg-Sängerkrieg. Gartenlaube, Jahrgang 1869, Nr. 5.

Abermals ein fader, abgeschmackter „Gartenlaubenaufsatz", was übrigens schon der Titel errathen lässt. Wenn wir auch durchaus nicht verwöhnt sind, und von einem Aufsatz in einem Unterhaltungsblatt nichts wissenschaftlich Werthvolles erwarten, so erstaunen wir dennoch über die Trivialität und das banale Phrasengeklingel dieser „Gartenlaubenblüthe".

11. **Kemmer, Gustav Voltemar.** Försök till en kort framställning af Walthers von der Vogelweide lif och skaldeverksamhet. (Dissertation). Upsala, 1872. 35 Seiten in 8°.

Eine Dissertation, wie es leider nur allzuviele gibt: unselbstständig und unwissenschaftlich geschrieben, oder vielmehr zum **dreizehnten mal nachgeschrieben**, was von Andern schon zwölfmal vorgeschrieben wurde. Diese Dissertation enthält **absolut nichts Neues**, und nur Altbekanntes in **schwedischer Sprache**. Dabei erregt es unser Staunen, wenn wir sehen, dass Kemmer Proben aus Walthers Gedichten **nicht im Originale** citirt und nicht einmal in **schwedischer** Uebersetzung, wie wir allenfalls vermuthet hätten: sondern höchst merkwürdig in **neuhochdeutscher**!

12. **Kroeger, A. E.** The Minnesinger of Germany. New-York 1873, published by Hurd and Houghton, London, Trübner & Comp. in 8°, Seite 127—162. Chapter IV.: Walther von der Vogelweide.

Der Verfasser lehnte sich überall sichtlich an deutsche Quellen an, *) so dass auf den vielen eingestreuten Uebersetungen Walther'scher Gedichte das Schwergewicht des übrigens hübsch geschriebenen Essay's über Walther von der Vogelweide liegt. Wie sich bei einem Werke, das den deutschen Minnegesang und seine Vertreter zum

---

*) (Z. B. an Fr. Pfeiffer).

Gegenstand hat, von selbst versteht, ist hier zumeist von Walthers Dichten, und nur in zweiter Reihe wird auch seines Lebens, soweit dies zum Verständniss der Gedichte nöthig ist, gedacht. Das ganze Werk kann auf wissenschaftlichen Werth wenig Anspruch machen, wird aber wegen der zum Theil sehr gelungenen Uebersetzungen immer für uns interessant bleiben. (Siehe auch Seite 26, Nr. 9 der „Uebersetzungen.")

13. Lexer M. Ueber Walther von der Vogelweide. Ein Vortrag, gehalten am 9. Januar 1873 im Würzburger Schrannensaal. Würzburg, 1873, in 8º.

Dieser Vortrag ist, wie man von dem Herausgeber des bekannten mittelhochdeutschen Wörterbuches nicht anders erwarten kann, mit Sachkenntniss geschrieben, und seinem Zweck entsprechend, populär gehalten. Wir tadeln nur, dass sich der Verfasser fast zu sichtbar an seine Vorgänger, wie z. B. Wackernagel u. m. A. lehnt, ohne Neues zu bringen. Er bezeichnet nebenbei allen Streit um Walthers Heimath „als einen müssigen" (wie es auch Wackernagel schon gethan): da Walther ja doch als Dichter „dem ganzen Deutschland" angehöre etc. — ein Ausspruch freilich, der gerade die Forschung nicht sonderlich aufmuntert.

14. Eberty Julian. Ueber Walther von der Vogelweide. Potsdam, 1871. Programm der städtischen Realschule, I. Ordnung, in 4º, 17 Seiten.

Ein auf Laienkreise — also auf das grössere Publikum und vielleicht auch auf die studirende Jugend berechnetes Schriftchen, das jedoch die schwierigen Fragen über Walthers Leben (wie z. B. dessen Heimath etc.) weder beantwortet, noch überhaupt Neues zu Tage fördert, so anregend es auch vielleicht auf sein Publikum gewirkt haben mochte.

15. (?) The greatest of the Minnesinger. Westminster Review, 1874, April. Seite 406—430.

Ein verdienstvoller Aufsatz, der für die Engländer sehr interessant sein dürfte, uns hingegen nichts Neues erzählt. Als Seitenstück dazu können wir erwähnen den hübschen Artikel über

16. (?) Walther von der Vogelweide, in der Europa 1874. Spalte 1377—1384.

17. Schwebel Oskar. Der Sänger für Kaiser und Reich: Walther von der Vogelweide. Daheim, Jahrgang 1874, Nr. 23.

Wieder einmal so ein schwulstiger Aufsatz „à la Gartenlaube" ohne jeglichen wissenschaftlichen Werth.

18. Dr. Reissenberger, Karl. Ueber Walther von der Vogelweide. Hermannstadt, 1874. 20 Seiten in 4^0.

War leider im Wege des Buchhandels nicht mehr zu beziehen.

19. Dr. Mayer, Karl. Walther von der Vogelweide. Vortrag, gehalten den 15. December 1874 in der Aula zu Basel. (Heft VII des III. Bandes der „Oeffentlichen Vorträge, gehalten in der Schweiz".) Basel, 1875.

Der Verfasser schildert uns das Leben Walthers nach bekannter Methode. Er bringt nur ältere Forschungsergebnisse und ignorirt die neueren geradezu; so erwähnt er beispielsweise Tyrols Stellung zur Waltherfrage mit keinem Worte! — Dagegen wird Walthers Standpunkt zur gesammten mittelalterlichen Literatur gut veranschaulicht, und wenn uns Mayer auch nichts Neues bietet, so ist seine Schrift doch, was sie sein soll: ein populärer Vortrag.

20. **Schrott, Johannes.** Walther von der Vogelweide in seiner Bedeutung für die Gegenwart. Mit einem historischen Vorwort über seine Heimath, mit Beilagen und des Dichters Bildniss nach der Pariser Handschrift. München, 1875. 27 Seiten in 4.

Eine sehr nett geschriebene Brochüre, deren einzelne geschichtliche Details durchaus nicht zu unterschätzen sind. Ausserdem gehören die Uebersetzungen der Gedichte „*Ich saz ûf eime steine*"; „*Nieman kan beherten kindes zuht mit gerten*"; „*Ir fürsten tugendet* etc." und „*Ich wil nû teilen, ê ich var*" zu den besseren.

Vorne finden wir auch Walthers Bildniss nach der Pariser Handschrift, dessen Original jedoch kaum auch nur einigen historischen Werth haben dürfte, da es mehr als wahrscheinlich ist, dass der Künstler, der die sog. Manessische Sammlung mit Bildern schmückte, nur Phantasiegebilde schuf. Es ist jedoch möglich, dass er sich dennoch dabei an eine mündliche Tradition gehalten hat. Ebenso dürfte das Wappen nicht ganz correct sein.

21. Prof. **Egger, J.** Walther von der Vogelweide. I. 6. Seiten in 4. (Druck von Ferrari in Bozen. II. 10 Seiten in 4. (Druck der Wagner'schen Universitäts-Druckerei in Innsbruck.) Ohne Jahreszahl. (1876? — wenigstens besitze ich seit diesem Jahre die Schrift.)

Dieser Aufsatz wurde in der vorliegenden Ausgabe, so viel ich weiss, vom Bozener Walther-Denkmal-Comité veröffentlicht, und dient auch hauptsächlich dazu, Freunde für unsern Dichter zu gewinnen und ist demnach auch durchaus für das grössere Publicum berechnet. Die Darstellung ist einfach und anspruchslos, und Walthers Leben nach dem gegenwärtigen Standpunkte der Waltherforschung geschildert und mit Proben aus seinen Gedichten (leider nicht immer in gelungener neuhochdeutscher Uebersetzung) vermischt.

22. Dr. Scheins und J. M. Wagner, Vogelweide. Haupt's Zeitschrift für deutsches Alterthum. XIX. Band. 1876. Seite 239. Zwei kurze Notizen. Erstere liefert den Nachweis, dass in den Rechnungen des Klosters Heilsbronn im Jahre 1382 eine „*silva Vogelwaid*" vorkomme, und letztere führt ein Urkundenbruchstück, einen gewissen „*hans vogelwaider*" betreffend, aus Lassberg's handschriftlichem Dichterbuch an.

23. Krabbe, Th. Aus deutscher Vergangenheit. Ein Dreigestirn von Liederdichtern: **Walther von der Vogelweide, Hanns Sachs** und **Simon Dach**. Nach ihrem Leben und Liedern in Vorträgen gekennzeichnet. Gütersloh, 1878. Bertelsmann. 205 Seiten in 8°.

Auf Seite 7—68 dieser ebenso sonderbar als geschmacklos zu einem Buche zusammengeschweissten Vorträge ist von Walther von der Vogelweide die Rede. Man begreift offen gestanden, absolut nicht, wie gerade **diese** drei, sowohl der Zeit als dem Geiste nach vollkommen verschiedenen Dichter hier **zusammenkommen**; allein wir wollen darüber mit dem Autor nicht einmal rechten. Dass er aber der germanistischen Forschung, namentlich was Walther von der Vogelweide anbelangt, **vollständig fern steht**, finden wir, gelinde ausgedrückt, von dem Herausgeber eines derartigen Buches unter allen Umständen unverzeihlich. Krabbe hält u. A. Walther noch immer und trotz Pfeiffer's wuchtigen und gewichtigen Einwendungen thatsächlich für den Dichter des **Freidank** (und ausserdem noch vieler anderer unechter Lieder). Zum Schlusse können wir nicht unterlassen, zu erwähnen, dass das Buch auch in stylistischer Beziehung höchst mangelhaft ist;

namentlich aber ist die ganze Anordnung und Darstellung geradezu ungeschickt zu nennen.

24. Holland, H. Deutsche Minnesinger in Bild und Wort. Mit Illustrationen von Lüttich. Wien, 1878, Kaesers Verlag, in Folio.

Enthält selbstverständlich auch Walthers Biographie und Bild. Wir erwähnen diesen Aufsatz nur, weil Holland in demselben bloss ältere Ansichten vertritt und die neueren mit Stillschweigen übergeht, was uns trotz des Umstandes, dass diese „deutschen Minnesinger" gewiss nicht der Ort sind, gelehrte Streitigkeiten zu entscheiden, sehr unrecht vorkommt.

Einen Aufsatz, der uns noch in die Hand fällt, können wir füglich noch hier einreihen, da er sich — freilich nur indirect — mit Walthers Geschlecht und Familie befasst. Derselbe führt den Titel:

25. Palm, H. Belege zum Vorkommen des Namens Vogelweide in älteren Urkunden. Zeitschrift für deutsche Philologie. V. Band. Seite 203 bis 206.

Ein an und für sich ganz interessanter Aufsatz, der aber speciell über die Waltherfrage doch kein neues Licht verbreitet, da alle urkundlich nachgewiesenen Oertlichkeiten und Namen leider zu unserem Dichter in keiner zweifellosen Beziehung stehen.

Das letzte Werk, das wir hier anzuführen haben, ist ein französisches, und zwar von

26. Lange, A. (Professeur au collège Rollin.) Un trouvère allemand. Etude sur Walther von der Vogelweide. Paris, 1879. Sandoz & Fischbacher. 396 Seiten in 8º.

Eine ausführliche Arbeit über unsern Dichter, welche der Verfasser in nachfolgende Abschnitte eingetheilt hat:

I. L'homme dans Walther von der Vogelweide.
II. Walther, considéré comme homme politique. III.
Walther von der Vogelweide et l'église. IV. Le
chevalier dans Walther von der Vogelweide. V. Le
poète dans Walther von der Vogelweide.

Prof. Lange kennt die einschlägige Literatur ziemlich genau, und gibt in seinem Buche ausführlich die Resultate der Waltherforschung bis zum heutigen Tage, was allerdings dem Buche seinen hauptsächlichsten Werth verleiht. Im Allgemeinen aber kann von Lange's Arbeit dasselbe gesagt werden, was wir über Menzel's Biographie Walthers (Seite 62) bemerkten. L. Spach's allerdings nicht hervorragende Broschüre über unsern Dichter scheint er aber nicht zu kennen, oder vielleicht absichtlich zu ignoriren, um das Recht für sich in Anspruch nehmen zu können, dass er der Erste gewesen sei, der ein **eigenes Buch** über Walther in französischer Sprache herausgegeben habe; denn in Werken von allgemein literar-historischem Inhalt durfte Walther natürlicherweise nie fehlen. Ausführlicher wurde er in französischer Sprache, jedoch schon früher behandelt, z. B. in den nachfolgenden Werken:

a) d'Assailly, Octave. Les chevaliers poètes de l'Allemagne. Paris, 1862, bei Didier. Seite 20—71 und 303—305.

b) Eichhoff, M. Tableau de la litterature du Nord au moyen âge etc. Paris bei Didier. Seite 268—273.

c) Heinrich, M. Histoire de la litterature allemande. Paris, 1870, bei Franck. Band I. Seite 103—109 etc.

Von Schriften in böhmischer Sprache über Walther ist uns bis jetzt nichts weiter bekannt geworden, als der Aufsatz in dem von Dr. F. L. Rieger herausgeg. Conversat.-Lexikon:

27. Slovník naučný. Prag, 1872 bei J. L. Kober. Band X. Seite 26—27.

Ein Artikel, der die wichtigsten Lebensmomente Walthers von der Vogelweide kurz zusammenfasst. Wir erwähnen ihn nur, weil es uns wundert, dass der bekannten Behauptung der Meistersinger, welche Walther von der Vogelweide zu einem „Landherrn aus Böhmen" machen, in diesem Aufsatze keinerlei Erwähnung geschieht.

(Bereits im Band V des Slovník n. wurde Walther einmal angeführt. Siehe Seite 86, Nr. 22.

Ueber Walthers Leben im Besonderen.

„Hêr Walther von der Vogelweide,
swer des vergæz', der tæt' mir leide."
„*Hugo von Trimberg*".
(Renner, Vers 1218, 1219.)

Ueber Walthers Leben fehlen uns alle Daten, ja wir haben nicht einmal ein urkundliches Zeugniss seines Lebens, wenn wir von der Erwähnung seines Namens in den kürzlich aufgefundenen Reiserechnungen Wolfgers absehen. Was wir über sein Leben wissen, konnte man nur indirect aus seinen Gedichten, die man in Zusammenhang mit der Geschichte seiner Zeit brachte, schöpfen; erwähnte Thatsachen und Persönlichkeiten boten wohl einen und den andern Anhaltspunkt, aber der Hypothese ist nichts destoweniger der freieste Spielraum gelassen, und wie der Leser gar bald sehen wird, rankten sich auch an dem Stamm der Gedichte Walthers die Hypothesen wie wucherndes Unkraut lustig empor. Dabei wollen wir allerdings nicht Alles vorweg zum „Unkraut" rechnen, — aber doch Vieles.

Wir reihten die nachfolgenden Schriften chronologisch nach ihrem Erscheinen hier ein, um gleichzeitig ein Bild von dem Gange der Waltherforschung zu geben; denjenigen Aufsätzen etc. aber, welche für die Hypothese eintreten, dass Walther ein Tyroler sei, widmeten wir einen eigenen Abschnitt (Seite 68).

Die erste Stelle unter den Biographen Walthers nimmt in jeder Beziehung ein unser unsterblicher

1. **Uhland, Ludwig.** Walther von der Vogelweide, ein altdeutscher Dichter. Stuttgart, 1822. Neue Ausgabe Stuttgart 1862. Cotta in gr. 8°. (Auch dem V. Bande seiner Schriften, zur Gesch. der Dichtung u. Sage, S. 1—109, einverleibt) und im Auszug bei Taylor 196—213.

Die erste, und bis heute noch die schönste Biographie Walthers von der Vogelweide. Hier schreibt ein Dichter über einen Dichter, und keine der andern Schriften über Walthers Leben kann sich in Bezug auf die Darstellung nur entfernt mit Uhlands genialer Leistung vergleichen. Es hiesse Eulen nach Athen tragen, wollte ich mich noch weiter über diese herrliche Schrift auslassen; — ihre Vorzüge sind zu bekannt, als dass ich sie hier noch besonders hervorheben müsste. Ausserdem ist sie ja schon über gegenwärtige Meinungsverschiedenheiten in der Waltherfrage so erhaben, dass wir die Punkte, in welchen sich die Ansichten jetzt geändert haben, doch nicht mehr berühren oder gar bekriteln dürften.

Jedoch schon vier Jahre früher erschien das hiehergehörige Werk von

2. **Oberthür, Prof. Dr. Franz.** Die Minne- und Meistersänger aus Franken. Würzburg, 1818. (Ueber Walther auf Seite 30.)

Der Verfasser war der Erste, dem es gelang, aus einem Kopialbuche des Domkapitels*) zu Würz-

---

*) Hier heisst es: „Curia zu der Vogelweide im Sande. quam inhabitat Gotz de Steinbach dictus, contermina domui dictae Hellersbach etc. domui Leucardis dictae Wickerin."

burg einen Hof zur Vogelweide nachzuweisen, wodurch er auch der Erste ward, der diese Stadt und Franken überhaupt als Heimath des Dichters aufstellte.

3. Prof. Dr. Reuss. Walther von der Vogelweide, eine biographische Skizze. Würzburg, 1843. In Commission bei Bonitas-Bauer (erschien in verschiedenen Ausgaben und Grössen, und mit einer Abbildung des jetzigen Grabsteines Walthers versehen). Die mir vorliegende Ausgabe ist in 8^0, 16 Seiten stark.

Der vorliegenden Schrift, so beschränkt sie auch in vielen Beziehungen zu nennen ist, verdanken wir dennoch werthvolle Nachrichten über Walthers Verhältniss zur Stadt Würzburg. Er weist zwei Vogelweider Höfe in Würzburg nach (S. 7), und gab sich überhaupt sehr viel Mühe, Alles in Archiven etc., was auf Walther Bezug haben konnte, zu durchforschen. Wie er aber beginnt, uns Walthers Leben genauer zu erzählen, verliert er natürlich den Boden unter den Füssen. Er lässt z. B. Walther an den gelehrten Schulen zu Paris, Konstantinopel, Babylon und Bagdad (!) studiren, und citirt eine Stelle aus dem Wartburgkriege („*ze Paris quote schule ich vant* etc."), die das allerdings erzählt, — nur nicht von unserm Walther, sondern von „Klingsohr". — Doch wir wollen dies dem Verfasser, der es gewiss ehrlich meinte, nicht zum Vorwurfe machen, und dankbar seine immerhin nicht zu läugnenden kleinen Verdienste anerkennen. Dass Walther thatsächlich in Würzburg begraben liegt, hat denn auch ausser W. Grimm Niemand bestritten.

4. Dr. Daffis, Anton. Zur Lebensgeschichte Walthers von der Vogelweide. Berlin, Hertz, 1854. 25 Seiten in 8.

Eine gründliche und gediegene Arbeit, — sie soll das Erstlingswerk des Verfassers gewesen sein — die uns nur herzlich bedauern lässt, ihm in der Waltherliteratur nicht mehr begegnet zu sein. Der Zweck dieser kleinen Schrift ist, zwei bis dahin entweder ignorirte oder falsch angegebene Momente aus dem Leben Walthers von der Vogelweide näher zu bestimmen, und dabei die irrigen Ansichten seiner Vorgänger zu widerlegen und zu corrigiren. Bei dem absoluten Mangel einer sicheren Basis ist es begreiflicherweise auch für ihn sehr schwer, uns überall für seine Meinung, z. B. gegen die Karajans (von Seite 17 ff.), zu gewinnen. Einen wohlthuenden Eindruck macht des Verfassers Bescheidenheit, mit der er seine Ansichten vorbringt, und die Achtung, die er für seine Vorgänger Lachmann, Benecke, Haupt etc. an den Tag legt.

5. **Pfeiffer, Franz.** Ueber Walther von der Vogelweide. Wien, 1860. Tendler & Comp. (Separatabdruck aus der „Germania", V. Band [1860], Seite 1—44.)

Selten wurde eine Meinung mit so viel Ueberzeugung vorgetragen und eine Hypothese besser begründet, als hier die Heimathsfrage Walthers von Franz Pfeiffer. Um so höher müssen wir daher dieses trefflichen Gelehrten Ehrlichkeit schätzen, wenn wir wissen, dass derselbe wenige Jahre später seine Ansicht „einer bessern Ueberzeugung" freudig opferte. Pfeiffer beweist in diesem Aufsatz mit allen erdenkbaren, und überhaupt zu Gebote stehenden Mitteln, dass Walther von der Vogelweide nur ein Franke sein könne, und doch war er selbst wieder der Erste, der diese Hypothese zusammenwarf! Ebenso machte er es noch ein zweitesmal. Seite 33 ff. bezog er Walthers Kreuzlieder auf den Kreuzzug 1198; als ihm dieser Satz nicht mehr haltbar erschien, nahm er ihn selbst in seiner Ausgabe wieder zurück. Trotzdem wäre es irrig, anzunehmen, diesen Aufsatz als veraltet zu betrachten. Abgesehen davon, dass es noch immer sehr viele Anhänger der Lehre von Walthers fränkischer Heimath gibt, sind die darin enthaltenen Erörterungen, wie z. B. über Walthers Adel und Geschlecht etc., hochinteressant, und werden allzeit ihre Geltung behalten. Alles ist erschöpfend dargestellt, und dies in einem edlen, kernigen und kurzen Style. Nebenbei belehrt uns der Verfasser hier auch über Heinrich von Veldecke's Namen, und gibt zum Schlusse Erläuterungen zu einzelnen Gedichten, die sowohl im Allgemeinen, als auch in lexicographischer Beziehung höchst wichtig sind.

6. **Kurz, Heinrich.** Ueber Walthers von der Vogelweide Heimath und Herkunft. Aarau, Sauerländer, 1863, in gr. 8. (Zuerst als Programm der Aargauer Kantonschule für 1863 gedruckt.)

Fast wie bei Homer, um den sich 7 Städte stritten, hat sich der Streit um Walthers Heimath bei uns ausgebildet, und Kurz unternahm es in der vorliegenden Schrift, den Thurgau als Walthers Heimath nachzuweisen.*) Ausserdem stellt er auch die Behauptung auf, Walther sei bürgerlichen Standes gewesen, und sucht dies durch innere Gründe aus Walthers Dichtungen zu beweisen. Bezüglich des letzteren Punktes fand er keine Anhänger, (und einige der Gründe, die er für die Thurgauer Heimath anführt, nehmen jetzt die Tyroler für sich in Anspruch). Kurz führt unter Andern auch das gewiss persönliche Verhältniss Walthers zu Ulrich von Singenberg (Truchsess von St. Gallen) als einen Grund für die Thurgauer Heimath an,

---

*) Als Missgriff muss es erscheinen, dass Kurz hier nochmals auf Stumpfs Schweizerchronik als gewichtiges Zeugniss weist, wiewohl Uhland schon 1822 die Unsicherheit dieser Quelle nachgewiesen,

und weist das Vorkommen des Namens Vogelweider schon um 1377 urkundlich nach; wir sehen also, dass seine Hypothese nicht ganz grundlos ist, und seine eingehende Darstellung, die auch für den mit Walther weniger vertrauten Leser, wie für den Fachmann geniessbar ist, verdient alles Lob. Eben für die ersterwähnte Klasse von Waltherfreunden theilte Kurz in seiner Schrift manches längstbekannte, sowie diejenigen Gedichte Walthers vollständig mit, auf welche er seine Meinung hauptsächlich stützt.

7. Meyer, Elard Hugo. Walther von der Vogelweide identisch mit Schenk Walther von Schipfe. Eine auf Urkunden gestützte Untersuchung. Bremen, 1863, in 8.

Ein komisches Curiosum in unserer Waltherliteratur. — Der Verfasser*) stellt eine mit allerdings seltenem Fleisse ausgearbeitete und mit unendlicher Mühe bei den Haaren herbeigezogene Hypothese auf; denn mit einer **solchen** haben wir es trotz des prahlerischen Titels „**eine auf Urkunden gestützte Untersuchung**" zu thun; da die Urkunden, auf die er sich „stützt", **nichts mit Walther von der Vogelweide zu thun haben.** Es ist begreiflich, dass der vielverheissende Titel frappirte; wie enttäuscht war man aber, als man das Büchlein näher angesehen. Da E. H. Meyer einen Walther von der Vogelweide ausser in den Liederhandschriften nirgends nachweisen konnte, verfiel er auf den Gedanken, dass wir es hier mit einem **Pseudonym** zu thun haben, und er suchte daher einen **gleichzeitigen** Walther in den Kaiserregesten, und **fand** einen solchen auch

---

*) Wenn uns unser Gedächtniss nicht trügt, dann war E. H. Meyer auch der Bearbeiter jenes „**Simplicissimus**", der vor unlanger Zeit Gegenstand heiterer Debatten im „Deutschen Reichstage" gewesen.

glücklich in dem Schenken Walther von Schipfe. Nunmehr stellte er seine Hypothese auf, die schon an der Stirne den Stempel einer völligen Unkenntniss des Dichters trägt, so dass man versucht ist, zu glauben, E. H. Meyer habe Walthers Gedichte kaum gelesen; auf keinen Fall kann er sie verstanden haben, denn er identificirt den Dichter, aus dessen eigenem Munde wir wissen, dass er arm und nur von niederem Adel war, mit einer hochangesehenen Persönlichkeit aus reichem Geschlechte, das durch Jahrhunderte die ersten Stellen bei Hofe einnahm. Darauf führt er eine grössere Anzahl von übereinstimmenden Daten aus des Dichters und des Schenken Leben an — was aber Nichts beweist, da eben Walther gerade so dem Hofe folgte, wie der Schenk von Schipfe. E. H. Meyer gab sich alle Mühe, seinen Satz zu beweisen, und er glaubte, dass ihm dies in dem Masse gelungen sei, dass er es wagen durfte, Franz Pfeiffer anzugreifen, eine That, wodurch er sich einfach doppelt blamirte. Zum Wundern ist nur der Umstand, dass einige Leute wirklich an diese Hypothese einen Augenblick lang glauben konnten.

8. Rieger, Max. Das Leben Walthers von der Vogelweide. Giessen, 1863, in 8°.

Wir haben es hier mit keiner gewöhnlichen Darstellung der Lebensschicksale Walthers zu thun, und können daher auch keine im blühenden Erzählertone gehaltene Biographie erwarten. Rieger's Arbeit ist zunächst kritischer Natur, und gewissermassen die erläuternde Ergänzung der Wackernagel-Rieger'schen Walther-Ausgabe, deren Kenntniss sie auch unbedingt voraussetzt, da sie hier Vieles begründet und erklärt, was dort durchgeführt wurde, und andererseits auch Manches dort nicht genügend Präcisirte hier corrigirt und feststellt. Rieger stellt sich bezüglich der Heimathfrage auf die Seite Derer, die für **Ostfranken** stimmen, und macht uns mit Walthers Schicksalen, so weit dies aus seinen Gedichten möglich war, bekannt. Dabei müssen wir rühmend die Ruhe und Klarheit hervorheben, mit der er Streitfragen untersucht, erörtert und entscheidet. Riegers Schrift gehört entschieden zu dem **Besten**, was über Walther geschrieben wurde.

9. Dr. **Menzel, Rudolf.** Das Leben Walthers von der Vogelweide. Leipzig, 1865. Teubner, gr. 8°.

Warme Begeisterung für unsern Dichter dictirte dem Verfasser dieses Buch in die Feder. Leider aber ist Menzel gerade kein hervorragender **Forscher** gewesen, und so brachte er wohl ein mit grossem Aufwand von Fleiss zusammengestelltes, leidlich umfangreiches Buch zu Stande — aber eigentliche **Resultate** erzielte er nicht. Menzel wollte eine alle bisherigen Forschungen über Walther umfassende Arbeit geben, hat aber dabei ohne kritische Sichtung des Materials, und in der Absicht, vollständig zu sein, Alles, was über diesen Dichter geschrieben worden, in sein Buch aufgenommen, und längst ad acta gelegte Ansichten und Hypothesen noch lang und breit erörtert, und so das Buch unnöthig weitschweifig gemacht. So kann das Buch im Allgemeinen wohl eine **ergebnisslose** Arbeit genannt werden; doch um nicht ungerecht zu erscheinen, wollen wir gerne zugestehen, dass der Verfasser mit feinem Gefühle manches Zweifelhafte sicher gestellt, und — dass er sich mit diesem Buche Franz Pfeiffer's sehr schwer zu verdienende Anerkennung erworben, der über dieses Buch, nachdem er erst seine Mängel besprochen u. A. folgendermaassen urtheilte: „Auf der andern Seite ist es jedoch mit so viel Wärme, Liebe und Hingebung an den Gegenstand geschrieben, und verräth so viel gesundes Urtheil, feinen Sinn und Selbstständigkeit der Forschung, dass es in der That einen Fortschritt bezeichnet und in der Walther-Literatur eine ehrenvolle Stelle einnimmt."

10. Dr. Lexer, M. Zur Heimathfrage Walthers von der Vogelweide. Vortrag, gehalten im Würzburger philologischen Verein. Im Auszug abgedruckt in der Würzburger Zeitung 1876.

Ein Vortrag, der auf's Neue für die Annahme eintritt, dass Walther von der Vogelweide ein Franke gewesen. Dass sich gerade Lexer noch in den Heimathstreit mischen könnte, hätten wir nach seinem Ausspruche, dass der Streit um Walthers Heimath stets nur ein müssiger sei (vgl. Seite 49, Nr. 13) am allerwenigsten vermuthet.

11. Schönbach, Anton. Walther von der Vogelweide. Haupts Zeitschrift für deutsches Alterthum. XIX. Band (1876), Seite 497.

Eine kurze, freudige Anzeige der damals gerade neu aufgefundenen Reiserechnungen Wolfgers von Ellenbrechtskirchen durch Schönbach, auf dessen Recensionen (in Haupts Zeitschrift) von hiehergehörigen Werken wir besonders aufmerksam machen wollen.

12. Zingerle, J. V. Walther von der Vogelweide. Wiener Abendpost (Beilage zur k. k. Wiener-Zeitung) 1876, Nr. 108.

Zingerle war Derjenige, der seiner Freude über die neuaufgefundenen Reiserechnungen Wolfgers von Ellenbrechtskirchen noch vor seiner Ausgabe derselben den beredtesten Ausdruck verlieh, und so ist denn auch dieser kurze Aufsatz eigentlich nur eine freudige Anzeige des Cividaler Fundes.

13. Zingerle, J. V. Zu Walther von der Vogelweide. Pfeiffer-Bartsch, Germania XXI Band (1876). Seite 193—196.

Auch hier macht Zingerle zuerst auf die von Professor A. Wolf in Udine im Comunal-Archiv zu Cividale gefundenen Reiserechnungen Wolfgers von Ellenbrechtskirchen aufmerksam, in welchen u. A. auch unser Dichter namentlich angeführt erscheint. Um im Zusammenhang zu bleiben, erwähnen wir gleich zunächst desselben Verfassers Ausgabe dieser Reiserechnungen, obwohl sie der Zeit ihres Erscheinens nach eigentlich etwas später angesetzt werden sollten.

14. **Z i n g e r l e, I g n.** V. Reiserechnungen Wolfgers von Ellenbrechtskirchen, Bischofs von Passau, Patriarchen von Aquileja. Ein Beitrag zur Waltherfrage. Mit einem Facsimile. Heilbronn, 1877. Gebrüder Henninger.

Zingerle konnte es sich nicht versagen, die Reiserechnungen, über welche er so grosse Freude empfand, herauszugeben, und wir danken ihm dafür; denn die Stelle in denselben, wo es heisst, dass der „C a n t o r W a l t h e r d e V o g e l w e i d e" bei Zeiselmauer am 11. November 1203 (?) „V. sol longes" zum Ankauf eines Pelzmantels erhält, ist ja der erste u r k u n d l i c h e Nachweis vom Leben Walthers, der uns zugleich einen s i c h e r n chronologischen Anhaltspunkt darbietet. Durch die hübsch geschriebene Einleitung, welche uns die bedeutende Stellung, die Wolfger, den die Päpste ebenso hochschätzten, wie der Kaiser, einnahm, schildert, macht das Büchlein doppelt interessant. — Die äussersten Punkte der Reisen, über welche die erwähnten Rechnungen geführt wurden, waren R o m, N ü r n b e r g und T h e b e n b e i P r e s s b u r g. Leider hat noch nicht festgestellt werden können, ob Walther an einer derselben geradezu theilnahm.

Schliesslich wollen wir, der selbstständigen Untersuchungen wegen, die J. S t r o b l diesen Rechnungen hinzufügt, dessen Recension im Anzeiger für deutsches

Alterthum und Literatur, 1877, Seite 269—272 erwähnen.

15. Wackernell, J. E. Walther von der Vogelweide in Oesterreich. Innsbruck, 1876. Wagner. 130 Seiten in 8°.

Wir haben es hier mit dem Erstlingswerk eines talentirten Germanisten zu thun; freilich haften demselben noch alle Fehler einer ersten Jugendarbeit an. Die Darstellung des Lebens, mit welcher er beginnt, ist lebendig, aber manchmal allzubreit gehalten; darauf folgen Anmerkungen, „Excurse und Citate", nebst einem Anhang, Belege aus Walthers Gedichten (mittelhochdeutsch mit gegenüberstehender neuhochdeutscher Uebersetzung) enthaltend. Den Schluss bildet ein kleiner Nachtrag. Eine ernstgemeinte Studie, deren Verfasser uns zu schönen Hoffnungen berechtigt, wenn auch diese Arbeit noch gar Manches (sogar in stylistischer Beziehung) zu wünschen übrig lässt, und derselben noch etwas Dilettantismus anhaftet. Wackernell kannte die einschlägige Literatur zu wenig und verstand es auch nicht sonderlich, die Spreu vom Weizen zu sondern. So lässt er sich denn mancherlei Irrthümer zu Schulden kommen und ist unsicher in seiner Kritik. Dabei berührt es uns sonderbar, dass Wackernell über Walthers Schicksale so eingeweiht spricht, als hätte er ihn „persönlich" gekannt. Dagegen müssen wir zugeben, dass wir auf seinen Vorschlag, die Schwertleite von 1200 auf 1203 zu versetzen, gerne eingehen; andrerseits aber gemahnt uns Wackernells komische Behauptung, Walther habe mit dem Herzoge Bruderschaft getrunken, wieder an unsere vorhergehende Bemerkung von der persönlichen Bekanntschaft. Dilettantisch und ganz zweckwidrig ist im Anhang die Reihenfolge der Gedichte Walthers, die sich, wie man allenfalls zugeben kann, mit leidlicher Gewissheit auf den Wiener Aufenthalt beziehen; denn Wackernell ordnet sie nicht, wie sie zu seinen Aufstellungen passen, sondern führt sie in der Ordnung an, die Simrock angenommen, wodurch sie von ihrem Zweck als „Belege" Wesentliches einbüssen.

16. Jung, Julius. Walther von der Vogelweide in Oesterreich. A. Edlingers Literaturblatt, I. Band, 1877. Wien, Klinkhardt. Seite 30—33.

Erzählt hauptsächlich nur den Inhalt des Wackernell'schen Büchleins wieder, bietet daher kein selbstständiges Interesse dar.

17. Falch. Hat Walther von der Vogelweide einen Kreuzzug mitgemacht, oder nicht? Blätter für das bayrische Gymnasial- und Realschulwesen, redigirt von Dr. W. Bauer und Dr. A. Kurz, Band XV. (6. Heft). München, 1879, Seite 251 bis 256.

Der Verfasser verneint diese Frage und führt nach einer Würdigung und Vergleichung der Walther'schen Kreuzlieder seine Begründung dieser Verneinung an, — jedoch ohne neue Gründe beizubringen. Was er uns mittheilt, sagten mit andern Worten längst Lachmann, Karajan, Daffis, Böhme u. A. ohne endgültig zu überzeugen, was auch jetzt Herrn Falch noch nicht gelang. Dass der Verfasser im Vergleich mit den Kreuzliedern Anderer bei Walther „das Minnigliche", den Abschiedschmerz von der Heimath etc. vermisst, ist eigentlich komisch. Walther war damals ein alter Mann, und der Abschied von der Heimath, die ihm so fremd geworden, konnte ihm doch nicht so schwer fallen. (Freilich lässt Falch Walthers „*O wê war sint verschwunden*" etc. nicht als Heimathlied gelten.) Ausserdem ist es sonderbar, bei unserem Walther, der alle zeitgenössischen Dichter so hoch überragte und sich nur für das wahrhaft Grosse

begeistern konnte, solche nebensächliche, ja sogar
kleinliche Momente zu suchen.

Hier müssen wir noch erwähnen den eben erschienenen Aufsatz von

18. Wackernell. Walthers zweiter Wiener Aufenthalt. Zachers Zeitschrift für deutsche Philologie, XI. Band, Seite 62—65.

Neuestens beschäftigten sich mit den bereits
S. 63—64 mehrfach erwähnten Reiserechnungen noch

19. Zarncke. Zur Waltherfrage. Berichte der kön.
sächs. Gesellschaft der Wissenschaften. Philolog.-Histor. Classe. Sitzung vom 13. März 1878.

Die bekannte Stelle in Wolfgers Reiserechnungen: „*Sequenti die apud Zeize (murum) Walthero cantori de Vogelweide pro pellico V. sol. longos;*"
ist bereits Gegenstand einer Streitfrage geworden,
wenn auch nur bezüglich ihrer chronologischen Bestimmung. Zingerle setzte sie mit guten Gründen
ins Jahr 1203. Dem traten Mehrere entgegen, u. A.
Winkelmann etc. und Zarncke beweist hier neuerdings, wie gut Zingerle's Gründe sind, wiewohl es
auch ihm noch nicht ganz gelingt, uns vollständig zu
überzeugen.

20. Nagele, Anton. Walther und Wolfger von
Passau. Pfeiffer-Bartsch Germania. XXIV. Band,
(1879) Seite 392—399.

Der Verfasser erfüllt mit diesem Artikel ein
Versprechen, das er seinen Lesern (in seinem Aufsatz „Zur Chronol. d. Spr. W.'s v. d. V.) bereits
früher gegeben, und bestreitet die Richtigkeit der
Zeitangabe in Zingerle's Reiserechnungen, der die
Walther betreffende Stelle ins Jahr 1203 setzte. Er
fühlt sich hiezu besonders durch Zarncke's diesbezügliche Abhandlung veranlasst, und führt Winkelmanns schon früher veröffentlichte Ansicht (in der

Germania, XXIII. Bd., S. 236 ff. gelegentlich einer Recension Zingerle's), dass die bewusste Stelle in den Reiserechnungen schon ins Jahr 1199 zu setzen sei, noch genauer und präciser aus, so dass man nun, wenn man ihm beipflichten will, getrost den 12. November 1199 als den Tag ansehen darf, an welchem unser Dichter „den nunmehr schon historisch gewordenen Pelzrock" bekommen hat.

Tyrol und die Heimathfrage Walthers.

Um die Aufsätze, welche Tyrol und die Waltherfrage betreffen, nicht zu zerstreuen, da sie der Chronologie ihres Erscheinens zu Liebe getrennt hätten werden müssen, erschien es zweckmässig, denselben einen eigenen Abschnitt zu widmen, der sich an den vorigen zunächst anreiht.

Pfeiffers Entdeckung in dem bekannten Urbarbuche, wodurch plötzlich Tyrol unsern Dichter vindicirt bekam, ist bereits mehrfach erwähnt worden. Prof. Ph. Mairhofer in Brixen durchsuchte auf die Mittheilung von dieser Entdeckung die Gegend am Eisackfluss, und fand auch richtig einen Wald, dessen zwei Theile in „die Vorder- und Hintervogelweide" eingetheilt werden. Hier, nahm man daraufhin an, mag der Stammmsitz Walthers gelegen haben, bis endlich der Pfarrer von Laien, Herr Joh. Haller, im Tyroler Volksblatte 1867, Nr. 90 darauf aufmerksam machte, dass sich im Layener Ried zwei Vogelweiderhöfe befänden, von denen der ältere entschieden mehr Anrecht darauf habe, als Walthers Heimstätte angesehen zu werden, als der (vielleicht einmal zu diesem Hofe gehörige?) Vogelweiderwald. Das war der zündende Funke; denn jetzt erhoben sich die Tyroler und nahmen den Dichter für sich

in Anspruch und kämpften — und mit ihnen viele
Andere — mit allen Waffen des Geistes dafür, dass er
ihnen nicht mehr entrissen werde. In der That scheint auf den erwähnten Vogelweiderhof im Layener Ried Alles zu passen, was Walther selbst da und dort (wie man annahm) über seine Heimath sagte, so dass sich jetzt bereits die Majorität des deutschen Volkes daran gewöhnt hat, den Dichter seiner Geburt nach als einen Tyroler anzusehen. Freilich ist die Annahme noch durch nichts erwiesen, wenn sie auch mehr Wahrscheinlichkeit für sich hat, als die andern bereits geltend gemachten Aufstellungen. Die nachfolgenden Aufsätze suchen Beweismaterial für diese Hypothese herbeizuschaffen, und ich theilte sie in solche ein, welche *a*) die Gründe aufzählen, die für die Tyroler Heimath Walthers sprechen (Nr. 1—8), *b*) den Vogelweiderhof beschreiben (Nr. 9—12) und *c*) das Waltherfest auf diesem Hofe schildern (Nr. 13—16).

Auch hier hielten wir die chronologische Ordnung ein, daher macht den Anfang

1. Prof. Anzoletti, Patriz. Ist Walther von der Vogelweide ein Tyroler? XX. Programm des k. k. Gymnasiums zu Bozen für 1869/70. 48 Seiten in 8⁰.

Ein interessantes Schriftchen, das zunächst der 1864 ausgesprochenen Ansicht Pfeiffer's, dass Walther von der Vogelweide ein Tyroler sei, beipflichtet und sich darauf gegen die von Simrock erhobenen Einwände kehrt und zu Gunsten der tyrolischen Heimath eintritt. Nach einigen allgemeinen Bemerkungen wirft Anzoletti die Frage auf, wo in Tyrol der Geburtsort Walthers zu finden sei, und findet die von Pfeiffer darauf gegebene Antwort nicht ganz genau zu Walthers Gedichten passend. Darauf macht er auf den vom Pfarrer von Layen zuerst erwähnten Vogelweiderhof im Layenerried (unweit von Waidbruck) aufmerksam, und findet zuletzt, dass sich gegen die Annahme, dass **dieser Vogelweiderhof** Walthers Heimstätte sei, am wenigsten einwenden lasse.

Gegenwärtig ist dieser Hof auch zum Gegenstand eines förmlichen Walthercultus geworden, und die Feste etc., die hier dem grossen deutschen Dichter des Mittelalters zu Ehren gefeiert wurden, sind mehrfach in Aufsätzen geschildert worden, die auch am geeigneten Orte in dieser Brochüre aufgezählt zu finden sind. Anzoletti's Schrift wirkte **sehr** anregend, und die Tyroler sind ihm zu Dank verpflichtet, denn er hat ehrenvoll eine Lanze dafür gebrochen, dass sie Walther von der Vogelweide von nun an als einen der **Ihrigen** ansehen dürfen.

2. **Dahlke**, G. Die Heimath Walthers von der Vogelweide. Neue freie Presse, 1872. Nr. 2776.

Ein hübsches Feuilleton, durch die Auffindung des Vogelweiderhofes im Layener Ried veranlasst.

3. **Schrott**, J. Die Heimath Walthers von der Vogelweide. Beilage zu Nr. 186 der Augsburger „Allgemeinen Zeitung", 1874.

Hier macht der Verfasser auf die neuesten Schriften über Walther von der Vogelweide (Patriz Anzoletti etc.) aufmerksam. Dieser Aufsatz verdient schon desshalb nähere Beachtung, weil hier Schrott zuerst Walthers Verhältniss zu den **Andechsern** betont. In den ersten Tagen des Octobers 1874 erzählte Schrott das Waltherfest in derselben Zeitung. (Siehe auch Seite 51, Nr. 20).

4. Dir. **Hanke**, R. Walther von der Vogelweide. Eine Studie. V. Jahresbericht der Lehrerbildungsanstalt in Bozen für den Jahrgang 1874/75. 39 Seiten.

Ist leider im Weg des Buchhandels nicht aufzutreiben gewesen, und fehlte in den von mir benützten Bibliotheken.

5. Zingerle, J. V. Zur Heimathfrage Walthers von der Vogelweide. Pfeiffer-Bartsch's „Germania", XX. Band, Seite 257—270.

Zingerle weist einfach und kräftig die Einwände gegen die Tyroler Heimath zurück und tritt für dieses Land energisch ein. Gegen Franken erhebt er zunächst den Einwand der unfränkischen Sprache Walthers, und ist auch der Ansicht, dass Walther, wenn in der Nähe Würzburgs seine Heimath zu suchen wäre, sicher nicht nach Wien gegangen wäre, um „Singen und Sagen" zu lernen, sondern nach dem dort viel näheren Thüringen. Ausserdem weist er noch das häufige Vorkommen des Taufnamens Walther in Tyrol im Mittelalter nach. Wir haben eine wirklich anerkennenswerthe Leistung vor uns, die sehr erhebliche Beiträge zur Wahrscheinlichmachung der Tyroler Heimath beibringt. Zum Schluss wehrt er sich gegen Vorwürfe, da er nie etwas Anderes behauptet habe, als dass die Gründe, die zu Gunsten Tyrols sprechen, gewichtigere sind, als die, welche dagegen sind. — Auf diesen Artikel antwortete übrigens A. Schönbach im Anzeiger für deutsches Alterthum. IV. Band, 1878, Seite 1—13.

Auf die verschiedenen Einwände gegen die Tyroler Heimath erwiderte

6. Ficker, J. Zur Waltherfrage. Zuerst im „Tiroler Boten", darauf in Pfeiffer-Bartsch's „Germania", XX. Band, Seite 271, und als einzelnes Flugblatt vom Bozener Walther-Denkmal-Comité veröffentlicht.

Der Verfasser thut in diesem kleinen Aufsatz mehr, als manche in langen Abhandlungen gethan;

denn er macht vor allem darauf aufmerksam, dass der Vogelweiderhof im Layener Ried bisher der einzige sei, von dem nachgewiesen werden konnte, dass er vordem wirklich ein Edelhof gewesen. Es ist dies um so wichtiger, als es ja bekannt ist, dass der Name Vogelweider bei Bürgerlichen nicht selten vorkommt, wesshalb die Vogelweiderhöfe in verschiedenen Städten, die man bisher gefunden, wahrscheinlicher einem bürgerlichen Träger dieses Namens angehört haben, während Walther der einzige Adeliche dieses Namens ist, der uns bekannt geworden. Ausserdem sind Ficker's Bemerkungen über den Dienstadel im Mittelalter etc. schätzenswerth.

7. **Anzoletti, Patriz.** Zur Heimathfrage Walthers von der Vogelweide. Bozen (und Innsbruck bei Wagner), 1876, in 8.

Im Grossen und Ganzen nur eine Erweiterung der erst als Programm gedruckten Abhandlung (siehe Seite. 69) des verdienten Verfassers, welche zu Gunsten des Walther-Denkmals in Bozen als Büchlein weiteren Kreisen zugänglich gemacht worden ist.

8. **Sojka, Johannes Evang.**, Walther von der Vogelweide. Studie zur Errichtung des Walther-Denkmals in Bozen. „Dioskuren". Literarisches Jahrbuch des I. allgemeinen Beamten-Vereines der österr.-ungar. Monarchie, V. Jahrgang, 1876, Seite 163—183. (Wien, Selbstverlag des Vereines.)

Diese Arbeit kann leider auch nicht als eine wirkliche Bereicherung der Waltherliteratur verzeichnet werden. Neues enthält sie gar nichts, und das Alte nur allzuoft in sehr sonderbarem unklarem Styl, wie schon zur Genüge ihr sonderbarer Titel erkennen lässt.

Wir gehen über zu den Aufsätzen, welche Walthers sog. Heimstätte in Tyrol specieller beschreiben. Der interessanteste ist entschieden der von

9. Zingerle, J. V. Ein Gang zur Vogelweide. Im „Neuen Reich". 1874, Nr. 12.

Ein sehr schön geschriebener Aufsatz, der uns die Oertlichkeit des Vogelweiderhofes im Layener Ried bei Waidbruck in sehr malerischer Weise schildert und unser Interesse für die Annahme, dass dieser Hof wirklich Walthers Heimstätte sein könne, wachruft. Er schildert auch ein Gespräch mit dem gegenwärtigen Besitzer des Hofes, dem alten Schrott, das seinem Inhalte nach wesentlich mit dem von Greif im Fremdenblatte (siehe Seite 74 dieser Studie) Wiedergegebene übereinstimmt. Man hat Zingerle dieses Gespräches wegen angegriffen, und ihm zugemuthet, er habe vielleicht mehr gehört, als der alte Schrott sagte und wusste; Zingerle wies aber eine derartige Zumuthung in der „Germania" (XX. Band) zur Unehre der Anschuldiger entschieden zurück.

10. Schneller, Chr. Aus der Heimath Walthers von der Vogelweide. „Aus allen Welttheilen", VI. Jahrgang (1875), 5. Heft.

Schilderung eines Besuches des Vogelweiderhofes.

11. (?) Der Vogelweiderhof in Tyrol. Ueber Land und Meer, 1875. Nr. 35.

Eine nicht sonderlich geglückte Schilderung.

12. (?) Klausen und die Vogelweide in Tyrol. Europa, 1877. Nr. 15.

Ein nicht uninteressanter Aufsatz. — Man wollte aber den Vogelweiderhof in Tyrol nicht so abseits und vergessen stehen lassen, eine kleine Gemeinde von Verehrern Walthers fasste den Entschluss an dem Hof einen Gedenkstein zu Ehren Walthers von der Vogelweide anzubringen. Die geplante, stille Feier ward aber gar schnell zu einem deutschen Nationalfeste, und die begeisterten Reden über unsern Walther an diesem Tage hallten in tausend und tausend Herzen wieder, durch alle Tagesblätter ging die Nachricht von dem schönen, hochpoetischen Feste auf dem Vogelweiderhofe, und wir müssen uns darauf beschränken, nur die wichtigsten derselben anzuführen. Wir beginnen mit

13. Greif, Martin. Die Enthüllungsfeier des Denkmals Walthers von der Vogelweide. Wiener Fremdenblatt, Jahrg. 1874, Nr. 276. (7. Octob.)

Ein vom 4. October aus Brixen datirter Bericht über die nun hinlänglich bekannte Waltherfeier. Der Aufsatz erlangt erhöhtes Interesse dadurch, dass Greif schon mehrere Tage früher den Vogelweiderhof besuchte, und hier sein Gespräch mit dem gegenwärtigen Besitzer, dem 85jährigen Schrott, erzählt, durch welches uns manche Tradition über den Hof in der dortigen Gegend angedeutet wird. Nach einer hübschen Schilderung der Gegend, seinem ersten Besuch des Hofes, geht Greif auf die Schilderung des Festes über, und verstand es, wie sich von einem Dichter, wie er es ist, von selbst versteht, Alles recht anziehend zu schildern.

14. J. J. Das Fest Walthers von der Vogelweide. Im neuen Reich, 1874. Nr. 44.

Den Inhalt des Aufsatzes gibt allein schon der Titel an, und wir haben einem derartigen Feuilletonartikel nichts Kritisches hinzuzufügen.

15. Stiehlberger, M. Die Heimstätte Walthers von der Vogelweide. Illustr. Zeit. 1874. Nr. 1632.

Ein Bericht über das bekannte Waltherfest.

16. **Zingerle**, J. V. Walther von der Vogelweide. Wiener Abendpost. (Beilage zur k. k: Wiener Zeitung), 1874. Nr. 226. (3. Octob.) Begrüssungsrede Zingerle's an die Festtheilnehmer bei Gelegenheit der Enthüllung des Walther-Gedenksteines am Vogelweiderhof im Layener Ried bei Waidbruck (unweit Brixen). Zingerle schildert hier mit kurzen, aber begeisterten Worten Pfeiffer's Entdeckung von der Tyroler Heimath, und wie seine Angabe durch Pfarrer Haller eine nähere Ortsbestimmung erhielt. — Das schöne mhd. Festgedicht von K. Bartsch ist Seite 90 erwähnt.

Walthers Standpunkt als Mensch und Dichter.

Kritisch-aesthetische Aufsätze etc.

> „Dieser Eine Mann wiegt fast die sämmtlichen übrigen Lyriker auf." „*C. Goedeke*".

Es würde uns zu weit führen, wollten wir an dieser Stelle auch alle Literaturgeschichten verzeichnen und einzeln durchnehmen, sofern sie nur einen grössern Abschnitt unserm Dichter gewidmet haben. Ich gebe auch zu, dass die betreffenden Abschnitte in den Werken eines Wackernagel, Gervinus, Goedeke, Hillebrand, Koberstein, Kurz etc. etc. oftmals einen höheren kritischen Werth haben, als die hier erwähnten kleineren Specialstudien; trotzdem sah ich von deren Aufzählung ab, da mehrere der obenerwähnten Männer ihre Ansichten ohnedies in einzelnen Broschüren niedergelegt haben, die wir verzeichnen mussten, und die kaum von den in den allg. Literaturgeschichten ausgesprochenen Meinungen abweichen, und diejenigen, bei denen dies nicht der Fall, haben sich doch mehr oder minder passiv zur Waltherforschung gehalten, und meist nur die Resultate Anderer mitgetheilt. Wem es aber darum zu thun ist, das kritische Urtheil dieser Männer über die Bedeutung und Stellung Walthers in der Literatur kennen zu lernen, dem wird es ja ein leichtes sein, die betreffenden Abschnitte selbst nachzulesen, — sie stimmen ja doch alle so ziemlich überein und gipfeln in dem Ausspruch, dass unserm Walther unstreitig der erste Platz unter allen Minnesängern anzuweisen sei. Derselben Meinung waren schon seine Zeitgenossen, und so sehen wir hier denn wieder einen thatsächlichen Beweis der Unvergänglichkeit der wahren Grösse.

Die zunächst folgenden Abhandlungen und Aufsätze theilten wir ein *a*) in solche, welche Walthers sittliche, politische und religiöse Anschauung besprechen (Nr. 1—4), *b*) die ihn als mittelalterlichen und nationalen Dichter behandeln (Nr. 5, 6), *c*) welche seine politische Dichtung überhaupt zum Gegenstande haben (Nr. 7—9), *d*) in denen seine Stellung zu Kaiser und Papst untersucht wird (Nr. 10—13), *e*) welche seinen Standpunkt speciell gegen den Papst präcisiren (Nr. 14—16). Darauf lassen wir die Abhandlungen folgen, welche unsern Dichter noch von andern Gesichtspunkten aus betrachten und zwar: *f*) in seiner Eigenschaft als Erzieher (Nr. 17), *g*) als Quelle zur culturgeschichtlichen Forschung (Nr. 18), *h*) in seinem Verhältniss zu andern mittelhochdeutschen Dichtern (Nr. 19), und *i*) wird sein Styl und seine Rhetorik einer eingehenden Würdigung unterzogen (Nr. 20). Den Schluss bilden *k*) die Aufsätze, welche die Grimm'sche Hypothese, dass Walther der Dichter des Freidank sei, bekämpfen.

Den Anfang machen wir daher in der angegebenen Weise mit

1. Dr. Gumpert, F. Die sittliche Lebensanschauung Walthers von der Vogelweide. Programm der Realschule zu Wurzen, 1876. 23 Seiten in 4°.

Wie schon der Titel ersehen lässt, weniger eine **Forschung**, als eine Prüfung und Kritik des moralischen Werthes Walthers von der Vogelweide. Der Verfasser der vorliegenden Arbeit wendet sich zunächst dem Minnegesange Walthers zu, und schildert des Dichters Charakter nach seinen Dichtungen, und entwickelt daraus dessen Anschauungen in Bezug auf die Frauen, die Liebe und die Tugend. Darauf wird Walthers Gottesglaube und Gottesdienst geschildert und zum Schlusse wird noch Walthers Reichstreue nachgewiesen, und somit im Ganzen das schöne Bild **eines echten deutschen Mannes** entworfen. Neue Ergebnisse finden wir in dieser Schrift freilich nicht, — aber der Titel versprach ja auch keine solchen.

2. Nagele, Anton. Das Charakterbild Walthers von der Vogelweide im Spiegel seiner Dichtung. I. Europa 1879, Nr. 35, Spalte 1639—1648. II. Nr. 36, Spalte 1689—1696.

Ein hübscher Aufsatz des durch mehrere kleine Studien zur Waltherforschung bekannten Verfassers, in welchen viele Walther'sche Sprüche und Lieder in neuhochdeutscher Uebersetzung eingestreut sind.

3. Rieger, M. Walther von der Vogelweide als polit. u. religiös. Dichter. Ergänzungs-Blätter zur Allgem. Evang. Kirchenzeitung. 1879. Nr. 9.

Unstreitig der beste Aufsatz dieses Inhalts, den wir dem gelehrten Verfasser der trefflichen Walther-Biographie (siehe S. 61) verdanken.

4. Köhler, Otto. Die religiösen Dichtungen Walthers von der Vogelweide. 1875. Programm der grossen Stadtschule zu Wismar. 20 Seiten in 4.

In dieser Schrift wird Walther von der Vogelweide zunächst vom religiösen Standpunkte aus betrachtet. Der Verfasser gibt eine Uebersicht von Walthers Anschauungen in Glaubenssachen, und schildert sein Verhalten den damaligen religiösen Fragen gegenüber. Ueberall sehen wir hier Walthers männlichen Ernst und seine Charakterfestigkeit beleuchtet, mit welcher er jederzeit gegen geistliche Missbräuche und Uebergriffe auftritt, und somit als ein echter und ein deutscher Katholik seines Zeitalters erscheint. Köhlers Arbeit enthält, wie man aus dem eben gesagten ersehen kann, allerdings keine neuen Forschungsergebnisse, ist aber übersichtlich und fleissig niedergeschrieben.

5. (?) Walther von der Vogelweide als mittelalterlicher und moderner Dichter. Der Grenzbote, 1865, Nr. 50.

Ein nicht uninteressantes, aber unwichtiges Essay.

Hieher würde auch dem Titel nach gehören. Schrott, Johannes. Walther von der Vogelweide in seiner Bedeutung für die Gegenwart etc. etc. München, 1875. Innnere Gründe bewogen uns jedoch diese Schrift an anderer Stelle (Seite 51) zu besprechen.

6. Dr. Scharlach. Walther von der Vogelweide als nationaler Dichter. Programm der höheren Töchterschule zu Görlitz für das Jahr 1870.

Ein wenig zu sehr deutschthümelnd gehalten und ohne jede Originalität.

7. Heussner. Walther von der Vogelweide als politischer Dichter. Deutsche Blätter 1873, 9. Heft.

Ein Thema, dass an und für sich nicht zu neuen Ergebnissen führen kann, und obendrein schon öfter als zu oft behandelt wurde.

Hier wollen wir auch erwähnen als hierhergehörig die Broschüre von

8. Leibing F. Deutscher Frühling 1871. Politische Dichtungen, Berlin, 1871, bei Lipperheide. 32 Seiten in 16.

9. Gymnasiallehrer Dr. Grimm, Adolf. Ueber die politische Dichtung Walthers von der Vogelweide. Programm des Gymnasiums Fridericianum zu Schwerin, 1876. 21 Seiten in 4° (auch als Separatabdruck erschienen, gedruckt in der Hofbuchdruckerei von Dr. F. Bärensprung).

Diese Arbeit (so viel ich weiss auch als Dissertation bei der Rostocker Universität eingereicht) unterscheidet sich von den andern, denselben Gegenstand behandelnden Schriften in keiner Weise. Dagegen kann nicht geleugnet werden, dass Grimm seine Aufgabe ernst nahm und sich eingehend mit unserem Dichter beschäftigte; so sind u. A. auch seine Untersuchungen über den Versbau und die Sprache Walthers in seinen Sprüchen anerkennenswerth; aber auch ihm gelang es nicht, Neues zu Tage zu fördern.

10. Dr. Rindfleisch. Walther von der Vogelweide in seiner Stellung zu Kirche und Papst. Programm des städtischen Gymnasiums zu Marienburg in Preussen für das Jahr 1872. 13 Seiten in 4°.

Enthält zwar nichts wesentlich Neues und hellt auch keineswegs irgend welche Zweifel auf, sondern feiert nur den Dichter als Kämpfer für Deutschlands Befreiung von der damaligen Uebermacht Roms, und gibt in chronologischer Reihenfolge seine diesbezüglichen Gedichte nebst einem kurzen Lebensabriss nach bekannten Quellen.

11. Thaner. Die Sprüche Walthers von der Vogelweide über Kirche und Reich. Ein Vortrag. Nördlingen, 1876. Verlag von Beck 27 Seiten in 8⁰.

Dieser Vortrag hat, wie es scheint, weniger den Zweck, uns über Walthers kirchenpolitische Gedichte zu unterrichten oder aufzuklären; unser Dichter dient dem Verfasser vielmehr blos als Folie für seine Darstellung der Kämpfe zwischen Reich und Kirche im Mittelalter. Von Walther ist wenigstens in diesem Vortrag nicht viel die Rede, und von seinen hie und da citirten Sprüchen auch nicht; Thaner untersuchte hauptsächlich, was den Dichter, dessen Frömmigkeit doch bei jeder Gelegenheit zu Tage tritt, veranlasste, sich dennoch auf Seite des Reiches zu stellen, und belehrt uns nebenbei über die Art und Weise, wie die Kirche im Mittelalter gegen das Reich kämpfte und wodurch sie siegte. So lebendig hören wir Walthers Gedichte noch jetzt in unser Zeitalter herüberklingen, dass man sie selbst zur Zeit des „Culturkampfes" mit ins Feld führt — und dabei nur allzuoft missbraucht.

12. Licentiat Dr. Kolde, Th. Walther von der Vogelweide in seiner Stellung zu Kaiserthum und Hierarchie. Ein Vortrag. Gütersloh, 1877. Verlag von Bertelsmann. 33 Seiten in 8⁰.

Damit in der Waltherliteratur alle Parteien vertreten seien, finden wir hier unsern Dichter auch einmal speciell vom Standpunkte der protestantischen Theologie aus betrachtet. Der Verfasser, Docent der Kirchengeschichte an der Universität Marburg, entledigte sich seiner Aufgabe einen populären Vortrag zu halten für fromme Lutheraner, die (wie schon Wilhelm von Kaulbach in seinem

sogenannten „Zeitalter der Reformation" *)
gethan), Alles, was sich in geistiger Beziehung seit
den Tagen der Hohenstaufen irgendwie ausgezeichnet, gar so gerne in ihren Bereich ziehen, gewiss
zur Zufriedenheit seiner Zuhörer. Dass er dabei
nichts Neues bot, darf man ihm nicht sehr zum
Vorwurfe machen, da Letzteres sicher gar nicht in
seiner Absicht lag.

13. Prof. Dr. Thurnwald, A. Dichter, Kaiser und Papst. Wien, Verlag von Braumüller, in 8°.

Bloss ein erweiterter Neudruck des schon auf Seite 39 erwähnten Schulprogramms.

14. (?) Ein Minnesänger wider den Papst. Europa 1873. Nr. 22.

Es ist geradezu unerquicklich, zu sehen und wiederzusehen, wie Wather beständig zu Parteihetzereien missbraucht wird; denn dies ist stets nur durch eine absichtliche Verdrehung der Thatsachen möglich: Walther würde sich — um ein Volkswort zu gebrauchen, „im Grabe umdrehen", wenn er sähe, welche Gesinnungen ihm heutzutage fortwährend unterschoben werden.

Nicht ausschliesslich mit Walther, aber doch grösstentheils mit ihm beschäftigt sich die nachfolgende Brochüre von

15. Dr. Richter, J. W. Otto (in Eisleben). Deutsche Dichter des Mittelalters im Kampfe für den Kaiser wider den Papst. Kassel, 1873. Verlag von Th. Kay. 38 Seiten in 8°.

---

*) Das Bild führt diesen Namen in ganz ungerechtfertigter Weise; der passendere Titel wäre dafür: „Das Zeitalter der Renaissance." (Sehr witzig nannte es der geniale, leider allzufrüh verstorbene Bildhauer Friedrich Brugger in München, „die Bibelversteigerung", und seitdem bezeichnen noch Viele nach ihm das Bild mit diesem treffenden Witzworte.)

Wir erwähnen die Schrift hauptsächlich wegen der darin enthaltenen Richter'schen Uebersetzungen Walther'scher Gedichte, obwohl diese nicht durchwegs geglückt sind. Wissenschaftlichen Werth kann man dieser Arbeit nicht beimessen, denn weder gelehrte Forschung, noch Begeisterung für die deutsche Dichtung des Mittelalters war es, was Richter zu dieser Arbeit veranlasste, sondern das Ganze ist wieder nur eine Streit- und Schmähschrift gegen Rom. Walther von der Vogelweide wird dabei (auf Seite 4—17) hauptsächlich ins Feld geführt.

16. (?) **Walthers von der Vogelweide Klagelieder gegen die Päpste Innocenz III. und Gregor IX.** — Katholik. Zeitschrift für katholische Wissenschaft und kirchliches Leben. Redigirt von Dr. J. B. Heinrich und Dr. Ch. Moufang. 53. Jahrgang, 1873. Erste Hälfte, neue Folge, 29. Band. Mainz bei J. Kirchheim. Seite 587 bis 605. Fortsetzung und Schluss im selben Bande, Seite 695 bis 716.

Wir finden es im höchsten Grade verwerflich, wenn man den edlen deutschen Sänger in das schmutzige Parteigetriebe unserer Tage hereinzerrt. Tadelten wir es, wenn von Seiten der „Reichsfreunde" Walther in den Himmel gehoben wurde, so finden wir es nicht minder tadelnswerth, wenn aus dem ultramontanen Lager desshalb Koth auf ihn geworfen wird. Der vorliegende Aufsatz, der nicht ohne Kenntniss und Schärfe geschrieben ist, gehört leider der letzteren Gattung an. Walther wird als ein charakterloser Mensch hingestellt, der den Mantel immer nach dem Winde drehte, und vor Allem bloss auf seinen Vortheil bedacht war. Es würde uns zu weit führen, wollten wir, wozu wir uns versucht fühlen, eine Blumenlese aus diesem Aufsatz anführen; klassisch aber ist folgende Stelle, wo der ungenannte Verfasser von Walthers Klage: „*Uns sint unsenfte brieve her von Rôme komen*" etc. (Pf. 188. 26) spricht: „Dieses Lied von Walther an der Stätte und in den Erinnerungen seiner Kindheit gedichtet, versöhnt uns einigermassen mit dem Sänger und mag Gottes Barmherzigkeit auf ihn herabgerufen haben. Er entschloss sich wirklich, um Busse für seine Sünden zu thun, trotz seines hohen Alters die Kreuzfahrt mitzumachen...." Walther wird im ganzen Verlaufe dieses Aufsatzes als einer der gefährlichsten Feinde der Kirche hingestellt, und das **war** er doch nicht, **er**, der die Päpste nur als **weltliche** Herren und übermüthige Fürsten bekämpfte. Ich glaube, wir hätten Beweise genug dafür, dass er **kein** liberaler Wühler war, der nur gegen Rom zu hetzen verstand; — und dass sich in letzter Zeit schon mehrfach „**geistliche Herren**" mit unserm Dichter beschäftigten, wie z. B. **Anzoletti**, **Schrott**, **Thaner** etc. etc., ohne an ihm so verderbliche und gefährliche Eigenschaften zu entdecken, ist auch eine Thatsache, die in dieser Hinsicht mehr für als gegen ihn spricht.

In ähnlicher Weise griff übrigens auch schon L. **Ernst** unsern Dichter zur eigenen Unehre an in seiner Schrift: „Die Minnesänger als politische und sociale Partei." 1846.

17. **Walther von der Vogelweide als Erzieher.** Leipziger Blätter für Pädagogik, III. Band, 2. Heft, 1869.

Eine Abhandlung über das ohnehin schon oft genug behandelte Thema, dem Walthers bekannte Gedichte

„Selbwahsen kint, dû bist ze krump" ff. etc.

und

„Nieman kan beherten
kindes zuht mit gerten" ff.

zur Grundlage dienen.

18. **Pechel, Ludwig.** Die kulturhistorischen Momente in der Dichtung Walthers von der Vogelweide. Inaugural-Dissertation zur Erlangung der philosophischen Doctorwürde an der Universität Rostock. Malchin, 1876. Druck von Heese. 22 Seiten in 4.

Bei einem Dichter von der Bedeutung Walthers von der Vogelweide ist es allerdings begreiflich, dass er auch dem Kulturhistoriker eine Ausbeute gewährt; diese kann aber bei einem durchaus lyrischen Dichter — selbst wenn er noch so sehr mit seiner Zeit und dem Leben seines Jahrhunderts verquickt ist — nie eine besonders reiche sein, desshalb glauben wir auch nicht, dass es dem obengenannten Bewerber um die philosophische Doctorwürde wirklich Ernst war, als er sich daran machte, Kulturgeshichte aus Walthers Gedichten herauszustudiren. Die Arbeit fiel denn auch so unbedeutend aus, dass Jeder, der sich mit Walther von der Vogelweide beschäftigt, und dem die Kulturgeschichte des Mittelalters nur einigermassen bekannt ist, sehr leicht eine bessere Abhandlung zu Stande bringen dürfte, als die Pechel'sche.

19. Prof. **Jauker, C.** Das Verhältniss Walthers von der Vogelweide zu Reinmar dem Alten. Programm des Gymnasiums zu Horn 1875.

Eine Studie oder besser gesagt, eine Vergleichung der Dichtungsarten dieser beiden Minnesänger. Der Verfasser lässt sich des Breiteren über Reinmar und Walther von der Vogelweide aus, und schildert das Verwandtschaftliche der poetischen Richtung Beider, obwohl sie sich in gewisser Beziehung als Rivalen feindselig gegenüberstanden. Wie lange aber dieses Feindschafts-Verhältniss andauerte, lässt Jauker unbeantwortet, und spricht, wiewohl nicht mit vollem Rechte, den Versen Reinmars grössere Vollendung der Form zu, muss aber

gleichzeitig eingestehen, dass Walther von der Vogelweide ihm in Bezug auf geistige Durchführung und ethischen Gehalt weit voraus ist.
Ueber Walthers Styl überhaupt schrieb:

20. Wigand, Paul. Der Stil Walthers von der Vogelweide. (Ursprüngl. als Marburger Dr.-Dissertation gedruckt.) Marburg, 1879, bei Elwert. 75 Seiten in 8.

Diese Schrift ist mir bis jetzt noch nicht zugegangen, wie mir aber Prof. K. Bartsch schreibt: „eine sehr fleissige und hübsche Arbeit".

21. Pfeiffer, Franz. „Freie Forschung." Wien, 1867.

Dieses hochinteressante Werk enthält auf Seite 161—272 eine (bereits 1855—1856 geschriebene und damals schon gedruckte *) glänzende Widerlegung der W. Grimm'schen Hypothese, (wonach Walther von der Vogelweide identisch mit Freidank sein soll) unter dem Titel „Freidank-Walther." —

Wir wollten die Schriften W. Grimm's über Freidank und dessen Identität mit Walther nicht einzeln besprechen; der Vollständigkeit halber, da sie ja doch, wenn auch nur indirect, unsern Dichter betreffen, zählen wir sie hier auf und bemerken nur, dass sie, wie von Wilh. Grimm auch nicht anders zu erwarten war, mit seltener Schärfe des Geistes und unendlichem Fleisse durchgeführt sind. Die Haltlosigkeit der Hypothese hatte freilich den obenerwähnten Aufsatz zur Folge. Die den Freidank betreffenden Schriften W. Grimm's sind also:
Vrîdances Bescheidenheit. Göttingen, 1834. — Ueber Freidank. Berlin, 1850. — Ueber Freidank, I. Nachtrag. — II. Nachtrag. Göttingen, 1855.

---
*) In Pfeiffers: Zur deutschen Literaturgeschichte. Drei Untersuchungen. Stuttgart, 1855, bei Köhler. Seite 37—87. (III. Ueber Freidank.)

22. Reinhardt, Fr. Walther von der Vogelweide und Fridank. Programm der Realschule. 1. Ordnung zu Aschersleben, 1878. 24 Seiten in 4⁰.

Dass der Verfasser in dieser Schrift zunächst W. Grimm's längst in sich zerfallene Hypothese bekämpft — also ein todtes Kind erschlägt — frappirte uns um so mehr, als wir eine derartige Arbeit nach Fr. Pfeiffer's schneidigem Aufsatz in seiner „Freien Forschung" (siehe Seite 85 dieser Brochure) absolut nicht mehr erwarteten. Im Uebrigen ist Reinhardt's Untersuchung nicht uninteressant wegen der Vergleiche, die er zwischen Walther und Freidank zieht, und wegen der bewiesenen auffälligen Charakterunterschiede Beider. Leider scheint der Verfasser mit der Literatur ·Walthers und Freidanks nicht sonderlich vertraut zu sein. —

(Auch in böhmischer Sprache liegt uns noch eine in diesen Abschnitt gehörige Notiz vor und zwar in

Slovník naučný. Herausgeg. von Rieger. Prag, 1866, bei Kober. Band V, Seite 744.)

In dieser kurzen Notiz wird nur mit' wenig Worten über den Inhalt, die Form und die Tendenz der Walther'schen Lieder berichtet. (Siehe auch Seite 54, Nr. 27).

Verschiedenes.

Wir sind zu Ende. Die Schriften und Abhandlungen über unsern Dichter habe ich alle, soweit sie mir nur bekannt und erreichbar geworden, durch Jahre hindurch gesammelt und hier verzeichnet und abgewogen, — und sollte mir da oder dort noch Etwas entgangen sein, so bin ich überzeugt, dass mir ein kundiger Leser Mittheilung davon machen wird, worum ich hier wiederholt bitte. Auch um Das, was neu erscheint, bitte ich, damit, bei einer etwa folgenden Auflage, die Lücken der ersten ergänzt und das Büchlein stets bis auf die neueste Zeit fortgesetzt werden kann.

Wir wollen aber doch nicht schliessen, ohne noch Einiges aufzuzählen, was noch auf unsern Dichter Bezug hat; wir meinen die Sagen und Gedichte über ihn, Bilder zu seinen Liedern, Portraits etc., wiewohl wir nur sehr Weniges zu verzeichnen haben.

Man weiss, dass man Würzburg allgemein als die Stadt ansieht, in welcher unser Dichter gestorben ist, und der ehemalige Lorenzergarten wird gewöhnlich als seine Grabstätte angesehen. Soviel auch um seine Heimath schon gestritten wurde : — dass er in Würzburg begraben liegt, hat noch Niemand in Zweifel gezogen, ausser W. Grimm, der es nur seiner Freidankhypothese zu Liebe that. Würzburger behaupten sogar, er habe nach seiner Rückkehr aus dem Kreuzzuge, an dem er muthmasslich theilgenommen, noch einige Jahre als Chorherr in Würzburg gelebt. Eine andere, hübsche Sage, nach welcher Walther in seinem letzten Willen verfügt hat, dass auf seinem Leichensteine die Vögel täglich gefüttert und getränkt werden sollen, weshalb auch vier Löcher in den Stein gehauen worden seien, erzählt Gropp in seiner Geschichte des Würzburger Neumünsterstiftes mit den Worten: „In novi monasterii ambitu, vulgo Lorens Garten, sepultus est Waltherus, sub arbore. Hic in vita sua constituit in suo testamento, volucribus super lapide suo dari blada*) et potum, et quod adhuc die hodierna cernitur, fecit quatuor foramina fieri in lapide, sub quo sepultus est, ad aves quotidie pascendas. Capitulum vero novi monasterii hoc testamentum transtulit in

---

*) blanda.

semellas (Semmeln) dari canonicis in suo anniversario et non amplius volucribus. In ambitu praefati horti vulgo im Kreutzgang de hoc Walthero adhuc ista carmina saxo incisa leguntur*) (S. 207. 45).

Der letzte Zusatz, den Gropp angeblich aus einer (jetzt verlorenen) Chronik des erwähnten Stiftes schöpfte, würde es ermöglichen, den Geburtstag Walthers zu ermitteln; allerdings eine müssige Spielerei — aber aus Pietät für den Dichter mag uns auch das nicht uninteressant erscheinen. So sehr man die Archivalien des Würzburger Neumünsters auch durchforschen mochte, man fand nur, dass am 7. Oktober zu Ehren des Miterbauers des Stiftes, Bischofs Adalberus, unter alle Kapitulare und Vikare Semmeln ausgetheilt wurden. Es wäre daher nicht unmöglich, dass Walthers Jahrestag mit dem 7. Oktober zusammenfiel, und dass er mit seinem Vermächtniss die Semmel-Praebende reichlicher machte.

Diese letzterwähnte Meinung bezüglich des Jahrestages fällt aber in sich zusammen, wenn man nicht annimmt, dass Walther zufälligerweise wirklich eine mit seinem Namen übereinstimmende Vorliebe für die Vögel gehabt habe, was ja am Ende auch nicht unmöglich wäre; denn war seine Heimstätte wirklich eine sogenannte Vogelweide, so hatte er ja von frühester Jugend auf mit den Vögeln zu thun, und konnte sie leicht liebgewonnen haben. Meiner Meinung nach aber hätte diese Liebe zu den Vögeln sicher mehrfachen Ausdruck in seinen Liedern gefunden, wenn sie auf Thatsächlichkeit beruht hätte.

Noch weniger wahrscheinlich macht die Sage der Umstand, dass Walther, wenn man den obenerwähnten Zufall nicht annehmen will, seinen Namen nur wegen seiner Liebhaberei als „Spitznamen"

---

*) Folgt das (hier fehlerhafte) Gedicht „Pascua qui volucrum" etc. etc.

geführt haben müsste. Der Volkswitz war aber zu allen Zeiten schärfer und hätte ihn sicher mit einem kürzeren und schlagenderen Spitznamen bezeichnet. Es liegt also auf der Hand, dass die Sage später und zwar in Folge seines Namens entstanden sein dürfte. Die erwähnten vier Löcher dürften, wie schon von Andern bemerkt, wohl dazu gedient haben, die Tafel mit irgend einer Inschrift, einem Bildstein oder dergl. zu halten, und dass sie, als diese weggebrochen, von muntern Sperlingen bewohnt waren, ist ja auch nicht unmöglich. Die lateinischen Verse, die auf seinem Grabstein noch im vorigen Jahrhundert gestanden haben sollen, beweisen wieder nichts von der Vogelfreundschaft Walthers; denn auch diese Inschrift weist durch Form und Inhalt auf eine spätere Zeit, als die, in welcher Walther gestorben sein muss, hin. — Wenn er in Würzburg wirklich gestorben, so kann es ja immerhin möglich sein, dass er bei seinem bekannten frommen Sinne zu irgend einem wohlthätigen Zweck eine testamentarische Verfügung getroffen hat, die später die Chorherren in eine Praebende für sich umwandelten. — Die Sage ist demgemäss entschieden haltlos, trotzdem aber wurde sie Gegenstand mehrerer Gedichte, wovon wir die Besseren gleich aufzählen werden; vorerst aber erwähnen wir, dass schon seine Zeitgenossen mit höchster Achtung gegen ihn erfüllt waren, was verschiedene Stellen in gleichzeitigen Gedichten beweisen. Bekannt sind die Stellen über ihn a) in Gottfried von Strassburgs Tristan (Bechsteins Ausg. „Die Classiker d. Mittelalters". VII. B. 4792 ff.), b) im Renner (V. 1218—1219), von Hugo von Trimberg, c) der Nachruf Ulrichs von Singenberg (Wackernagel und Riegers Ausg.), Reinmann von Brennenberg (Hagens Minnesinger, B. III, S. 334, anter Marners Namen) und im sog. Sängerkrieg auf der Wartburg etc. Ferner in Leupold Hornburgs Gedicht von allen Singern, dem wir auch eine Mittheilung, dass Walther bei dem Würzburger neuen Münster im Grashofe begraben sei, verdanken. Eine Sammlung mehrerer neuerer Gedichte über ihn findet sich in dem Album für die Inauguration des Denkmals Walthers von der Vogelweide. Herausgegeben vom historischen Vereine für Unterfranken und Aschaffenburg. Würzburg, 1843. 36 Seiten in gr. 8°.

Enthält:

Die fränkischen Harfen von Ludw. Bechstein.
An Walther v. d. Vogelweide von Dr. J. Dentzinger.
Der todte Sänger von Franz Dörflein. cand. theol.
Walther v. d. Vogelweide von E. O. E.
Walther v. d. Vogelweide von Dr. J. B. Gossmann.
An Walther v. d. Vogelweide von Ph. Holl.
Walther v. d. Vogelweide von Dr. G. J. Keller.
Sonett an Walther v. d. Vogelweide von G. Ph. R.
Walther v. d. Vogelweide von Joh. Gabr. Seidl.
Walther v. d. Vogelweide von Paul Fr. Walther.

Also 10 Gedichte (von verschiedenem Werthe), und ausserdem ist ein Schreiben an den Ausschuss des Vereines von Dr. Jäck am Schlusse abgedruckt. Seidl's Gedicht findet sich auch in dessen Gedichten.

Einer ähnlichen Ursache verdankt seine Entstehung das Gedicht von

Bartsch, Karl. "Herrn Walthers sanc". [Ein hübsches Fest-Gedicht in mittelhochdeutscher Sprache zur Walther-Feier am 3. Oktober 1874.] Pfeiffer-Bartsch "Germania" XIX. Band, Seite 506—507.

Ferner Freiligrath, der Amerikaner Longfellow, Stöber, Hermann Rollet, A. Aar, Friedr. Roebel. Ein hiehergehöriges Gedicht theilt Lucae (in seiner Broschüre über Walther, siehe Seite 47) ohne Angabe des Verfassers mit. Ferner findet sich in der Walhalla bei Regensburg auf dem Denkstein, den König Ludwig unserm Dichter errichten liess, eine Inschrift von diesem Könige, die zu dem Allerbesten gehört, was er je geschrieben. (Abgedruckt in den „Walhallagenossen".) — Auch Richard Wagner lässt ihn in seinem Tannhäuser auftreten. — Neuerdings ist auch Walthers „Unter der Linde" mehrfach mit Erfolg in Musik gesetzt worden.

Bekannt ist Wilh. v. Kaulbachs Carton zu Walthers Gedicht „Unter der Linde" — leider verfehlt, da wir hier keinen deutschen Minnesänger und kein deutsches Mädchen dargestellt sehen, sondern eher einen heissblütigen Troubadour mit irgend einer sich wenig wehrenden Südländerin. Die reizende Naivetät des Gedichtes ist absolut nicht zum Ausdruck gelangt. Weit besser gelang dies dem jungen ungarischen Maler Koloman Deutsch in Wien auf einer Skizze zu derselben Scene. Von den Portraits Walthers nennen wir nur das in der Pariser und Weingartner Handschrift, das allen modernen Compositionen zum Muster diente.*)

Edel aufgefasst finden wir unsern Walther u. A. auch auf M. v. Schwind's Räthselstreit auf der Wartburg.

Ein schönes — vielleicht des Meisters schönstes Bild ist das Begräbniss Walthers im Kreuzgange des Würzburger Münsters von dem idealen Michael Echter im bayrischen Nationalmuseum in München. (Eine schlechtgelungene Holzschnittreproduction brachte seinerzeit die Gartenlaube.) Eine hübsche Ansicht des Vogelweiderschlosses in Tyrol findet sich

---

*) Verklein Copien davon bei Taylor 196 und bei Schrott, ein schlechter Holzschnitt darnach von dem Berl. Musen-Alm 1831, etc. Nichts weniger als gelungen ist das Portrait Walthers von Ferd. Rothbarth in Scherrs „Germania, zwei Jahrtausende deutschenLebens", Seite 136. Süsslich componirt ist Lüttichs Portraitfigur. Seite 53, Nr. 24.

u. A. in dem Prachtwerk: Unser Vaterland. Stuttgart. Kröners Verlag.

Ueber Walthers Grab siehe auch:

Böhmer. Fontes rerum german. I. S. XXXVI.

Hiemit schliesse ich diese kleine Studie ab, und hoffe nun auch meinerseits in den Lorbeerkranz, den die Nachwelt unserm Walther geflochten, ein Blättchen mit hineingewunden zu haben.

Register.

A.

Abel, O. Ueb. d. Zeit e. Gede. W.'s. 28. 43.
Abendpost, Wiener. 63. 75.
Adalberus, Bischof. 88.
Album f. d. Inaug. d. Walther-Denkm. in Würzburg. 90.
Album d. lit. Vereins in Nürnberg. 44.
Allg. Zeitg., Augsb. 70.
Andechser, die. 70.
Andersen, H. C. 26.
Anonym: 50. 73. 78. 81. 82. etc.
Anzeiger f. deutsch. Alterth. u. Literatur. 64.
Anzoletti, P. Ist W. v. d. V. ein Tyroler? 69. — Zur Heim.-Frage W.'s. 72.
Archiv des hist. Ver. für Unterfranken. Siehe Ruland.
d'Assailly, Oct. 54.
Aus allen Welttheilen. 73.

B.

Bartenstein, Ph. v. 3.
Bartsch, K. 16. 17. 18. 44. — Zu W.'s Liedern. 29. — Liederdichter. 19. — Schulausg. W.'s. 21. — Herrn W.'s sanc. 90.

Baseler Univ. Bibl. 6.
Bechstein, L. Die fränk. Harfen. 90.
Bechstein, Reinh. Conjectur zu W. 30. — Schulausg. W.'s, 22. — Vocalspiel 30. — Die neuest. Forsch. über W. 46.
Benecke, Minnelieder 8.
Berichte der k. sächs. Gesellsch. der Wissensch. 67.
Berliner Hs. 6.
Berner Hs. 6.
Bezzenberger. Zu W. v. d. V. 31.
Bildersaal altd. Dichter. Siehe v. d. Hagen.
Blätter, deutsche. 78. — für d. bayr. Gymn.-Schulw. 31. 66. — Für lit. Unterhaltg. 46.
Bodmer — Proben d. alt. schwäb. Poesie. 8. — und Breitinger's Minnesinger. 7.
Böhmer, Fontes r. g. 91.
Böse. W.'s patr. Dichtungen 25.
Born, F. 26.
Bragur. Siehe Gräter.
Breitinger. Siehe Bodmer.
Bremer Bibl. 3.
Brennenberg, Reinmann v. 89.
Brugger, Friedr. (Anmerk.) 81.
Büschings wöchentl. Nachr. 15.

C.

C., II. v. Einer vom Wartburg-Krieg. 47.
Carmina Burana. S. Schmeller.
Cividaler Fund. 1. Siehe auch Wolfgers Reiserechnungen.
Colin, Phil. 4.

D.

Daffis, A. 34. — Zur Lebensgesch. W.'s. 57.
Daheim. 50.
Dahlke. Die Heimath W.'s v. d. V. 70.
Denkstein W. s. in d. Walhalla 91.
Dentzinger, Dr. J. An W. v. d. V. 90.
Deutsch, Koloman. 92.
Dioskuren. Jahrb. des I. allg. öst. Beamten-Vereins. 73.
Diutisca. S. Graff.
Docen. Altd. Museum. 6. — Miscellaneen. 5.
Dörflein, Fr. (cand. theol.) Der todte Sänger 90.
Donaueschinger Hs. 4.

E.

E. O. E. W. v. d. V. 90.
Eberty. Ueb. W. v. d. V. 49.
Echter, Michael. 91.
Edlinger. Literaturblatt. 66.
Egger, W. v. d. V. 51.
Eichhoff, M. 54.
Ernst, L. Minnesänger als polit. und sociale Partei. 83.
Europa. 35. 45. 50. 73. 77. 81.

F.

Falch. Wer sind die heimisch. Fürsten? 31. — Owê war sint etc. 31. — Hat W. v. d. V. einen Kreuzzug mitgem. oder nicht? 66.
Fasching, J., Beiträge z. Erkl. der rel. Dichtung. W.'s. 32.
Ficker. Zur W.-Frage. 71.

Fiedler, II. Ottenton. 32. 43.
Frauendienst. S. Ulr. v. Lichtenstein.
Freiligrath. 90.
Fremdenblatt, Wiener. 74.
Frîdanc (oder Freidank.) Siehe W. Grimm.
Frühe, F. X. Zwei Vorles. über W. 47.

G.

Gartenlaube. 47.
Gedenkstein am Vogelw.-Hof 75. — am Würzb. Münster. 90.
Germania, hsg. v. Pfeiffer-Bartsch 5. 7. 29. 30. 32. 33. 34. 35. 36. 39. 42. 58. 63. 67. 68. 71. 90.
Germania, hsg von v. d. Hagen 34.
Germanist. Handbibl. S. Wilmanns (auch Zacher).
Gervinus. 75.
Gleim. 13. Ged. nach d. Minnesingern. 22.
Glossar zu W. S. Hornig.
Goedecke 75.
Görres. (Anm.) 11.
Göttinger gelehrte Anzeigen. 15.
Goldast. 3. 12. Paraeneticorum vet. 13. — Valer. Cimel. episc. 13. — Replic pro imp. 13.
Gossmann, Dr. J. B., W. v. d. V. 90.
Gottfried v. Strassburgs Tristan 6. Ueber W. 88.
Graff's Diutisca. 6.
Gräter's Bragur. 7. 23.
Greif, M. Die Enthüllung des Denkm. Walthers. 74.
Grenzbote 78.
Grimm, Dr. Ad. 79.
Grimm, Jacob. 6. 14.
Grimm, Wilh. 4. 15. — Zu W. v. d. V. 33. — Vridancs Bescheidht. 85. — Ueb. Freidank 85. Freidankhypothese bekämpft 85. 86.

Gropp's Gesch. d. Würzburger Neumünsterstifts. 87.
Gumpert, Walthers sittliche Lebensanschauung. 77.

H.

Haager Biblioth. 6.
Hadloub, Joh. 2.
Hag, J. v. 26.
Hagen, F. v. d., 5 Gesch. d. Paris. Hs. 3. Minnesinger 8. 10. 44. — Bildersaal altd. Dichter 9. — Germania 34, Herr W. v. d. V. 44.
Haller, Joh. Pfarrer v. Layen 68.
Halm, K. Hölty's Ged. 22.
Handbibl., germ. S. Wilmanns, (auch Zacher).
Hanke, R. Dir. W. v. d. V. (e. Studie) 7.
Haupt, M. 6. 14. Aehrenlese 33. Zeitschrift 1. 6. 19. 28. 33. 40. 52. 53. 63, — und Hoffmanns Altd. Blätter 6.
Heidelberger Hs. (Nr. 357) 2. Ldrbs. (Nr. 350) 3. (Nr. 341) 5.
Heinrich, M. 54.
Herzogs Realencyklopädie 46.
Heussner, W. als pol. D. 78.
Hillebrand. 75.
Hoefer, A. zur Erkl. mhd. D. 33.
Hölty, Minnelied. 22.
Hoffmann, J. L. Leb. u. Dicht. W.'s. 44.
Hoffmann. S. Haupt.
Hoffmann v. Hoffmannswaldau. 13. 22.
Hohensax, die Freiherrn v. 2.
Holl, Ph , An W. v. d. V. 90.
Holland, H. Die Minnesinger. 53.

Hornburg, Leupold. 89.
Hornig. Glossar zu W. 42.
Hüppe, B. Lieder u. Spr. d. Minnesinger. 20.

J.

J. J. Das Fest auf d. Vogelweide. 74.
Jäck, Dr. 90.
Jähns, M. 25. W. v. d. V. 46.
Jahrbücher, preussische, von Treitschke und Wehrenpfennig. 46.
Jahrestag (?) W.'s. 88.
Jarick. 5.
Jauker. Walth.'s Verhältn. zu Reinmar d. A. 84.
Illustr. Zeitg. 74.
Inschrift auf W.'s Grab. 88.*)
Jung, W. v. d. V. in Oesterr. 66.

K.

Kalocza. Siehe Koloczaer Hs.
Karajan, Th. G. Ueb. zwei Ged. W.'s. 33. 43.
Katholik, der. 82.
Kaulbach, W. v. 80. (auch in in der Anm. 81) 91.
Keller, G. J., W. v. d. V. 90.
Kemmer, G. V. k. Framställning af W.'s. lif och skaldeverksamhet. 48.
Kläden, Zur Erklärg. 2 Stell. im W. 34.
Klagelieder Walth.'s gegen die Päpste. 82.
Klausen u. die Vogelweide 73.
Klingsohr. 57.
Koberstein. 75.
Koch, Fr. Uebers. W.'s. 23.
Köffinger. 5.

---

*) Dieselbe lautet vollständig:
Pascua qui volucrum vivus, Walthere, fuisti,
qui flos eloquii, qui Palladis os, obiisti!
ergo quod aureolam probitas tua possit habere,
qui legit, hic dicat: „Deus istius miserere·"

Köhler, Die rel. Dichtgn. W.'s.77.
Köpke. 15.
Kolde, Dr. Th., W.'s Stellung zu Kaiser u. Hierarchie. 80.
Kolmarer Ldhs. (Cod. germ. 4997 in München) 6.
Koloczaer Hs. 5.
Kopialbuch d. Würzbg. Domcapitels. 56.
Krabbe, Th. Aus deutsch. Verganght. Ein Dreigest. v. Lieder-Dichtern. 52.
Kremsmünster Psalterium. 5.
Kroeger, A. E. Minnesinger of Germ. 26. 48.
Kurz, 75. Ueb. W.'s Heim. u. Herkft. 59.

L.

Lachmann, K. 13. Ausg. Ulr. v. Lichtenstn. 5. — Ausgabe der Ged. W.'s. 14. 16. 47.
Lange, A. Prof. Un trouvère allem. 28. 53.
Lassberg, Handschr. Dichterb.
Leibing, Deutsch. Frühlg. 79.
Leinburg, Gottfr. v. 39.
Leipziger Blätter f. Pädag. 83.
Leipziger Hs. (II. 70 a.) 5.
Lexer, M. Zur Heim.-Frage W.s. 63. Ueb. W. v. d. V. 49.
Lichtenstein, Ulr. v. 5.
Liebrecht, Fel. Zu W. v. d.V. 34.
Literaturblatt. S. Edlinger.
Longfellow. 90.
Ludwig I., Kön. v. Bayern. 43.
Lucae, K. Leb. u. Dicht. W.'s. 47. 90.
Lüttich. 91.

M.

Mairhofer, Th. 68.
Majláth, J. Graf v. Ausg. d. Kolaczaer Hs. 5. Uebers. dieser Hs 5.
Manessische Hs. S. Pariser Hs.
Manesse, Rüdger. 2.

Mapes, Gualtherus von. 39.
Martin, Grammatik z. W. 42.
Marx. 26.
Mathieu, Facsimile d. Pariser Hs. 10.
Mayer, K. W. v. d. V. 50.
Meistersinger 11.
Melodien ursprüngl. (verlorne) zu W. 6.
Menzel, Dr. Rud. Das Leben W.'s v. d. V. 62.
Meyer, E. H. W. v. d. V. ident. mit Schenk W. v. Schipfe. 60.
Minnesinger. Siehe Bodmer u. Breitinger; v. d. Hagen; H. Holland. Kroeger. The greatest of the — 50. Ein Minnesinger wid. d. Papst. 81.
Miscellaneen. S. Docen.
Möringer, Lied vom edeln. 7.
Monatsblätter, dtsche. Centralorgan für das lit. Leben d. Ggwt. 41.
Müllenhoff. 14.
Münchener Hs. (M) aus dem XIII. Jahrh. 5.
Mützells Zeitschr. f. Gymnasialwesen 35.
Museum, altd. S. Docen.

N.

Nachrichten, wöchentl. Hrsg. v. Büsching. 15.
Nagele, Anton. 43. Zur Chronologie d. Spr. W.'s. 35. Ein Weihnachtslied W.'s. 35. W. u. Wolfger v. Passau. 67. Charakterbild W.'s. 77.
National-Museum, bayer. 91.
Nürnberg. 54.

O.

Oberthür, Minne- u. Meistersgr. a. Franken. 56.
Oeser. 26.
Oppel. *Min guoter klôsenaere.* 35. 43.

P.
Palm, Belege zum Vorkommen des Namens Vogelweide. 53.
Pannier, Uebersetzg der Ged. W.'s. 24.
Pariser (Maness.) Handschr. 2.
Paul, H. Zu W. v. d. V. 30. — Krit. Beitr. zu d. Minnesing. 36. — Zu W. v. d. V. 36.
Paul u. Braune, Beiträge. 30. 36. 41.
Pechel, Die kulturhist. Momente in W.'s. Dichtung. 84.
Pfeiffer, Franz. Ausg. d. Ged. W.'s. 16. — Entdeckung d. Tyroler Heimath. 17. — Freie Forschung (Freidank-Walth.) 85. — Germania. (S. diese.) — Heidelberger Hs. 10. — Ueber Menzel. 62. — Weingartner Ldrhs. 9. — Ueber Uebersetzug. mhd. Ged. 23. — Zu einem Spruche W.'s. 36. — Zur d. Lit.-Gesch. (3 Untersuch.) 85. — Ueber W. v. d. V. 58.
Portrait W.'s. 91.; von Rothbart 91 (Anm.) — Copien nach der Pariser Handschrift. 91.
Presse, Neue freie. 70.

R.
R., G. Th., Sonett an W. v. d. V. 90.
Rassmann. 9.
Realencyklopädie. S. Herzog.
Reich, Im neuen — 73. 74.
Reymar, her. 4.
Reinhardt, W. u. Freidank. 86.
Reinmann v. Brennenberg. 89.
Reissenberger, Ueber W. v. d. V. 50.
Renner, der. 89.
Replicatio pro imperio. Siehe Goldast.
Reuss, Dr. W. v. d. V. (biogr. Skizze) 57.

Richter, J. W. O. 26. — D. Dichter d. M.-A. im Kampfe f. d. Kaiser etc. 81.
Rieger, Max. Leben W.'s. v. d. V. 16. 61. — W. v. d. V. als pol. u. rel. Dichter. 77. S. auch unter Wackernagel.
Rieger, S. Slovník n.
Riudfleisch, Dr. W.'s. Stellung zu Kirche u. Papst. 79.
Ripechoue's Chronik. 6.
Roebel. 90.
Rollet, Herm. 26. 90.
Rom. 63.
Rubin. 4.
Rüdger Manesse. 2.
Ruland. 3.

S.
Sängerkrieg auf d. Wartb. 89.
Schade, O., Leich W.'s. 37. — Unter d. Linde. 37. — Wol mich der stunde. 38.
Scharlach, Walther als nation. Dichter. 78.
Scheins u. Wagner. Vogelw. 52.
Scherr. (Anm.) 90.
Schilter. 3.
Schmeller, Carmina Burana. 5.
Schmollis. 39.
Schneller. Aus d. Heim. Ws. 73.
Schobinger. 3.
Schönbach, Ant. W. v. d. V. 63.
Schreiber's Taschenb. f. Gesch. u. Alterth. v. Süddeutschl. 4.
Schrott, Joh. 26. 78. — Die Heim. W.'s. 70. — W. v. d. V. in seiner Bedeutung für die Gegenwart. 51.
Schulz, B., Schulausg. d. Ged. W.'s. 21.
Schwabenspiegel. 6.
Schwebel, O. Sänger f. Kaiser und Reich. 50.
Schwertleite. 65.
Schwind, M. v. 91.
Seebode's krit. Bibl. 15. 38. 43.

Seidl, J. G., W. v. d. V. 90.
Serapeum 7.
Seveu, Liutold v. (Ausg. seiner Ged. 15.)
Simplicissimus. (Anm) 60.
Simrock. Ausg. W.'s. 20. — Uebersetzg. d. Ged. W.'s. 23. 37.
Singenberg, Ulr. v. (Ausgabe seiner Ged. 15.) Nachruf an W. 89.
Slovník naučný. 55. 86.
Sojka, Joh. Ed., W. v. d. V. e. Studie. 72.
Spach, L. Le Minnesinger W. v. d. V. 27. 45.
Sprachwart, deutscher.
Stiehlberger, M. Die Heimat W.'s. 74.
Stöber, 90.
Stork, Buch d. Lieder a. d. Minnezeit. 24.
Strobl. 64.
Ströse, Deutsche Minne a. alter Zeit. 25. — Altes Gold. 25.
Stumpf, J. Schweizer Chronik. 2. 12. 59.

T.

Taylor. 56. 91.
Thaner, Walth.'s Sprüche üb. Kirche u. Reich. 80.
Theben b. Pressburg. 64.
Thurnwald, A. Zur Spruchdichtung W.'s v. d. V. 39. 43. Dichter, Kaiser u. Papst. 81.
Tieck, L. 13 Minnelieder aus d. schwäb. Zeitalter. 22.
Titurel. (Verfass. d. Titurel.) 33.
Treitschke und Wehrenpfennig. S. Jahrbücher.
Trimberg, H. v. 55. 69.
Türlein, Heinr. v. 33.
Tyroler Bote. S. Ficker.

U.

Udiner Communal-Archiv. 61
Ueber Land und Meer. 73.
Uhland, L. 24. W.'s Biograph. 56.
Umarbeitung (niederrheinische) v. Walther'schen Strophen 5. 6.
Urbarbuch '(der Einkünfte d. fürstl. Hauses in Tyrol) Anm. 17.

V.

Valerian, Cimel. S. Goldast.
Veldecke, Heinrich von. 59.
Vogelweiderhof in Tyrol. 70. 73. — ein Edelhof. 72.
Vogelweide im Sande. 56.
Vogelweiderwald, Vorder- oder Hinter-, 68.
Volksblatt, Tyroler. 68.

W.

Wackernagel. 75. W. v. d. V. (Abh.) 46. Anm. zu Simrocks Uebers. 23. — und Riegers Ausg. d. Ged. W.'s. 6. 15.
Wackernell. 43. W. v. d. V. in Oesterreich 65. — Zur Chronol. Bestimmg. 39. — W.'s zweiter Wiener Aufenthalt. 67.
Wagenseil. (Anm.) 11.
Wagner, S. Scheins.
Wagner, Richard. 91.
Walhalla. 90.
Walther, Paul, Friedr. W. v. d. V. 90.
Walther von Schipfe. S. E. H Meyer.
Walther von der Vogelweide. 45. 50. — W. als Erzieher. 83. — W. als mittelalt. u. modern. Dichter. 78. — W.'s. Test. 51. — W.'s Bild. 51. 91.
Westminster Review. 50.
Weimarer Jahrbuch. 40.
Weimarer Lhs. 3.
Weingartner Lhs. 2.

Weiske, G. A. 16. Uebersetzg. Walthers. 24. 37. Die Minneverhältnisse W.'s. 40. 43.
Wiener Hs. (Nr. 2677) 5.
Wigand, Paul. Der Stil W.'s v. d. V. 85.
Wilmans, W. 1. 37. Ausgabe d. Ged. W.'s. 18. (Germ. Handbibl. hrsg. von Zacher) Zu W. v. d. V. 40.
Winkelmann 67.
Wisse Claus. 4.
Wissenschaftl. Monatsblätter. Hrsg. v. Schade. 37. 38.
Wittenberger Schloss-Capelle, (verlorne Hs. in derselben) 7.
Wolf, Prof. A. 64.
Wolfger v. Ellenbrechtskirchen. 39. 64.
Wolframs Parcival.
Würzburger Hs. 8.

Z.

Zacher. 6. Zachers Zeitschrift für d. Phil. 31. 67. S. auch Wilmanns Ausg. d. Ged. W.'s.
Zarncke. Zu W.'s. Elegie 41. — Zur W.-Frage. 67.
Zeiselmauer. 64.
Zeitschrift, S. Haupt. — Zachers Zeitschrift für deutsche Philologie. 31. 67.
Zettel, K. Der Liebes- u. Frauengesang W.'s. 41.
Zingerle. 67. Frô bône. 42. Ein Gang zur Vogelw. 78. Zur Heim-Frage W.'s. 71. Reiserechnungen Wolfgers v. Ellenbrechtskirchen. 64. W. v. d. V. (Begrüssungsrede.) 75. W. v. d. V. 63. Zu W v. d. V. 63.
Züricher jur. Bibl. 6.

Druckfehler:

Seite 64, Zeile 17 von unten lies **longos** statt **longes**.